Classiques & Contemporains

PAUL ÉLUARD

Capitale de la douleur

Présentation, notes, questions et après-texte établis par

PIERRE MATHIEU
professeur agrégé de Lettres modernes

MAGNARD

Sommaire

Texte

Après-texte

Prolongements culturels et artistiques : 13 œuvres en couleur

GROUPEMENT DE TEXTES

Le surréalisme, une poésie du rêve éveillé

INFORMATION/DOCUMENTATION

Présentation

Paul Éluard

Eugène Grindel de son vrai nom, Paul Éluard (1895-1952) est issu d'un milieu commerçant et prospère de Saint-Denis. En 1912, alors âgé de 17 ans, il est contraint d'interrompre ses études pour soigner une maladie respiratoire. Il est alors envoyé dans un sanatorium en Suisse. C'est au cours de cette cure qu'il fait la rencontre d'Elena Diakonova. Il épouse celle qu'il surnomme rapidement « Gala » en 1917.

En 1914, il est mobilisé et doit participer à la guerre. De cette expérience violente, il conserve un profond sentiment de révolte qui nourrira son engagement communiste, son pacifisme et son antimilitarisme convaincu. Ses premiers écrits, qui recoupent cette période (1913-1918), rassemblent des poèmes de forme plutôt traditionnelle : *Premiers poèmes* (1913) et *Dialogue des inutiles* (1914) explorent son attrait pour le genre poétique autour du lyrisme amoureux, quand *Le Devoir et l'Inquiétude* (1917) dessine les contours d'une poésie engagée qui dénonce sans détour les horreurs de la guerre. Admiratif de certains de ses textes, Jean Paulhan l'introduit auprès de Louis Aragon et d'André Breton qui s'apprêtent à lancer *Littérature*. Cette entrée dans la revue signe son adhésion au mouvement Dada, qui donne une place importante à l'absurde dans l'ordre de la création littéraire : *Les Animaux et leurs Hommes* (1920) ou *Les Nécessités de la vie et les Conséquences des rêves* (1921) sont à l'image de la quête de transgression qui anime cette aventure littéraire (rupture avec les traditions poétiques, culte de l'arbitraire et spontanéité dans le rapport au langage). 1922 est une année décisive. Éluard collabore pour la première fois avec l'artiste allemand Max Ernst pour *Les Malheurs des immortels* : au texte du poète répondent les collages du peintre. Cette première collaboration en ouvre d'autres avec des artistes contemporains (Chagall, Delvaux, De Chirico) mais s'accompagne également d'une première crise amoureuse, puisque Gala tombe éperdument amoureuse d'Ernst. Affecté, Éluard se lance dans un long voyage hors de France, et fait état de cet épisode existentiel douloureux dans son recueil *Mourir de ne pas mourir* (1924).

C'est une fois de retour à Paris qu'il adhère au Parti communiste (1926) et qu'il commence à prendre part aux projets des surréalistes, au sein notamment de la revue *Clarté*. C'est la même année que va paraître *Capitale de la douleur*, dont Breton lui-même célèbre l'importance. Les événements des années 1930, qui se doublent de la rencontre avec Maria Benz, dite Nusch, marquent le début d'une prise de distance avec l'esprit surréaliste et d'une autre forme d'inspiration amoureuse et artistique. Les écrits d'Éluard prennent alors une tournure plus polémique et directement engagée : il participe à l'écriture de *L'Appel à la lutte* en 1934, entre, aux côtés d'Aragon, au Comité de vigilance des intellectuels antifascistes et s'engage dans la Résistance durant la Seconde Guerre mondiale. Accédant à la notoriété internationale après-guerre, il renoue par ses textes avec le lyrisme incantatoire qui le caractérise (*Le Dur Désir de durer*, 1946 ; *Poésie ininterrompue I*, 1946). Il est marqué, dans les mêmes années, par l'épreuve de la mort de sa femme, Nusch, qu'il transcrit dans le poignant recueil *Le temps déborde* (1947).

Le mouvement Dada et le surréalisme

L'aventure Dada est le fruit d'un mouvement de négation et de rupture qui naît à Zurich en 1916, sous la direction de l'écrivain Tristan Tzara. En quête de provocation et d'arbitraire – le nom du mouvement est choisi au hasard du dictionnaire –, les jeunes artistes dadaïstes proposent, lors de conférences ou de spectacles, des formes artistiques qui visent à déconstruire un héritage littéraire passé qu'ils jugent trop pesant. Ils privilégient la dérision, la spontanéité langagière et l'absurde. En 1920, Tzara est accueilli à Paris par André Breton, Philippe Soupault et Louis Aragon qui attendent beaucoup du souffle novateur qu'il incarne. Éluard, en quête de renouveau, rejoint le collectif et participe activement à ses activités d'écriture (en fondant notamment la revue *Proverbe*), spectacles et performances.

Le surréalisme, dont le recueil *Capitale de la douleur* est souvent considéré comme une œuvre phare, se pense en parallèle et dans le prolongement des aspirations dadaïstes. C'est le *Manifeste du surréalisme*, publié par Breton en 1924 après sa rupture avec Tzara, qui pose le cadre et les aspirations du mouvement : une « dictée de la pensée, en l'absence de tout contrôle exercé par la raison, en dehors de toute préoccupation esthétique et morale ». Cette quête se retrouve dans la place laissée par les surréalistes à l'imagination ou au merveilleux, mais aussi dans l'intérêt qu'ils développent pour la psychanalyse, l'inconscient ou le domaine du rêve. Elle s'exprime aussi par la place donnée aux peintres ou aux sculpteurs, de Marx Ernst à Salvador Dalí en passant par André Masson.

Capitale de la douleur

Capitale de la douleur, paru en 1926, est un recueil composite. « Répétitions », la première section, réunit des poèmes parus entre 1914 et 1921. Ces textes recouvrent donc l'entrée de l'auteur en poésie jusqu'à sa période plus ouvertement dadaïste. Cette influence se retrouve dans le caractère parfois automatique de l'écriture d'Éluard ou dans les réflexions sur le langage comme dans « L'invention » (p. 16-17),

« La parole » (p. 20) ou « La mort dans la conversation » (p. 33). La deuxième section, « Mourir de ne pas mourir », avait donné lieu à une première publication en 1924 : elle coïncide avec la période d'exil personnel du poète qui, souffrant de l'aventure de Gala avec Ernst, a fui Paris. La tonalité de cette section est plus sombre et désespérée, et la question de l'amour y est centrale. Cette thématique se retrouve dans des poèmes comme « Sans rancune » (p. 63) ou « Nudité de la vérité » (p. 65). « Les petits justes », troisième section du recueil, reprend six textes déjà présents dans la première version de *Mourir de ne pas mourir* (1924), auquel Éluard a ajouté de nouveaux poèmes. Enfin, « Nouveaux poèmes » rassemble des textes de la période surréaliste de l'auteur, écrits entre 1924 et 1926. L'influence esthétique des artistes qu'il admire ou avec lesquels il collabore y est très visible, de « Pablo Picasso » (p. 80) à « Paul Klee » (p. 89) en passant par « André Masson » (p. 88) ou « Max Ernst » (p. 98). De même, le caractère onirique et parfois mystérieux des formes et des thématiques se fait particulièrement sentir dans des textes comme « Une » (p. 99) ou « L'absolue nécessité » (p. 102-103). La toile de fond de la Belle Époque et le visage d'un Paris populaire influencé par la culture américaine font également irruption dans cette section, notamment à travers « Les Gertrude Hoffmann Girls » (p. 90).

La question de l'unité d'ensemble du recueil peut d'abord trouver sa réponse dans la chronologie : l'enchaînement des textes semble nous proposer un parcours qui permet de percevoir les évolutions formelles du style d'Éluard, de sa jeunesse poétique à son adhésion totale au surréalisme, de « Répétitions » à « Nouveaux poèmes ». À cette grille de lecture esthétique se superpose celle amoureuse qui, de l'inquiétude et du désespoir de voir la figure de Gala échapper au poète (« Répétitions » et « Mourir de ne pas mourir »), nous mène à une forme d'apaisement et de réconciliation qui culmine dans les « Nouveaux poèmes ».

Entrer dans la lecture

Quiz

À l'aide de la couverture et de la présentation pages 4-7, répondez aux questions suivantes.

1. *Capitale de la douleur* est en partie inspiré par la relation qu'Éluard a entretenue avec une femme. Il s'agit de :

- ☐ Nusch.
- ☐ Gala.
- ☐ Dora Maar.

2. Les surréalistes français ont été fortement influencés par un mouvement littéraire contestataire né en Suisse. Il s'agit :

- ☐ du symbolisme.
- ☐ du dadaïsme.
- ☐ de l'absurde.

3. Paul Éluard a écrit l'une des sections de *Capitale de la douleur* dans un moment de grand désespoir personnel. Il s'agit de :

- ☐ « Répétitions ».
- ☐ « Mourir de ne pas mourir ».
- ☐ « Les petits justes ».
- ☐ « Nouveaux poèmes ».

4. En 1922, Paul Éluard collabore avec un peintre et plasticien qui influence durablement son existence et son rapport à la poésie. Il s'agit de :

- ☐ Salvador Dalí.
- ☐ André Masson.
- ☐ Max Ernst.
- ☐ Pablo Picasso.

5. L'auteur du *Manifeste du surréalisme* (1924), texte qui pose le cadre théorique du mouvement littéraire, se nomme :

- ☐ Louis Aragon.
- ☐ André Breton.
- ☐ Philippe Soupault.
- ☐ Robert Desnos.

Citation

« J'ai la beauté facile et c'est heureux.
Je glisse sur le toit des vents
Je glisse sur le toit des mers
Je suis devenue sentimentale
Je ne connais plus le conducteur. »

P. ÉLUARD, « La parole », *Capitale de la douleur*, 1926.

À voix haute

Entrez dans la lecture en écoutant les premiers poèmes du recueil.

Paul Éluard

Capitale de la douleur

Répétitions

Paul Éluard

MAX ERNST[1]

Dans un coin l'inceste[2] agile
Tourne autour de la virginité d'une petite robe
Dans un coin le ciel délivré
Aux épines de l'orage laisse des boules blanches.

Dans un coin plus clair de tous les yeux
On attend les poissons d'angoisse.
Dans un coin la voiture de verdure de l'été
Immobile glorieuse et pour toujours.

À la lueur de la jeunesse
Des lampes allumées très tard.
La première montre ses seins que tuent des insectes rouges.

---

1. Peintre allemand (1891-1976), figure de proue du mouvement surréaliste et Dada, ami de Paul Éluard. Leur relation est complexifiée par l'amour que le peintre va nourrir pour la femme du poète, Gala (1894-1989). Ce poème est une allusion explicite à l'une des œuvres d'Ernst, un collage intitulé *L'Éléphant de Célèbes* (1921). L'anaphore « dans un coin » rappelle l'inspiration ouvertement picturale de ce poème.
2. Relation sexuelle entre deux personnes de la même famille. Le terme renvoie ici au jeu de séduction et de promiscuité qui naît du triangle amoureux entre Ernst, Éluard et Gala, mais aussi au jeu de collage et de libre association artistique de *L'Éléphant de Célèbes*.

SUITE[1]

Pour l'éclat du jour des bonheurs en l'air
Pour vivre aisément des goûts des couleurs
Pour se régaler des amours pour rire
Pour ouvrir les yeux au dernier instant

Elle a toutes les complaisances[2].

MANIE[3]

Après des années de sagesse
Pendant lesquelles le monde était aussi transparent qu'une
[aiguille
Roucouler[4] s'agit-il d'autre chose ?
Après avoir rivalisé rendu grâces et dilapidé le trésor
Plus d'une lèvre rouge avec un point rouge
Et plus d'une jambe blanche avec un pied blanc
Où nous croyons-nous donc ?

1. Le titre du poème peut évoquer la tradition artistique qui désigne un ensemble d'œuvres d'art traitant d'un seul et même thème, ce qui est cohérent au regard du titre de la section, « Répétitions ». L'inspiration amoureuse assumée et la vraisemblable évocation de Gala se retrouvent d'ailleurs dans le pronom « elle » qui clôture le poème.

2. Expressions de douceur ou de gentillesse visant à se rendre agréable à autrui.

3. Trouble mental par lequel l'esprit se fixe sur un objet. Ici, le terme renvoie à la possible obsession amoureuse du poète pour sa muse.

4. Cri caractéristique des oiseaux, mais qui désigne, par extension, le fait de tenir des propos tendres ou amoureux.

L'INVENTION[1]

La droite laisse couler du sable.
Toutes les transformations sont possibles.

Loin, le soleil aiguise sur les pierres sa hâte d'en finir
La description du paysage importe peu,
Tout juste l'agréable durée des moissons.

Clair avec mes deux yeux,
Comme l'eau et le feu.

*

Quel est le rôle de la racine ?
Le désespoir a rompu tous ses liens
Et porte les mains à sa tête.
Un sept, un quatre, un deux, un un.
Cent femmes dans la rue
Que je ne verrai plus.

*

1. Le titre peut évoquer une réflexion sur la création poétique ainsi que le lien difficile qui peut exister entre la vie et l'écriture, que relève explicitement l'ultime vers du poème en prose : « Je n'ai pourtant jamais trouvé ce que j'écris dans ce que j'aime. »

L'art d'aimer[1], l'art libéral, l'art de bien mourir, l'art de penser, l'art incohérent, l'art de fumer, l'art de jouir, l'art du moyen âge, l'art décoratif, l'art de raisonner, l'art de bien raisonner, l'art poétique, l'art mécanique, l'art érotique, l'art d'être grand-père, l'art de la danse, l'art de voir, l'art d'agrément, l'art de caresser, l'art japonais, l'art de jouer, l'art de manger, l'art de torturer.

*

Je n'ai pourtant jamais trouvé ce que j'écris dans ce que j'aime.

1. Éluard décline sous la forme d'une énumération toutes les facettes de l'art, en mettant côte à côte des références littéraires (*L'Art d'aimer* d'Ovide, *L'Art de raisonner* d'Étienne Bonnot de Condillac ou *L'Art d'être grand-père* de Victor Hugo) avec des mentions historiques (« l'art du moyen âge ») ou totalement banales (« l'art de fumer », « l'art de manger »).

PLUS PRÈS DE NOUS

Courir et courir délivrance
Et tout trouver tout ramasser
Délivrance et richesse
Courir si vite que le fil casse
Au bruit que fait un grand oiseau
Un drapeau toujours dépassé.

PORTE OUVERTE

La vie est bien aimable
Venez à moi, si je vais à vous c'est un jeu,
Les anges des bouquets dont les fleurs changent de couleur.

SUITE

Dormir[1], la lune dans un œil et le soleil dans l'autre,
Un amour dans la bouche, un bel oiseau dans les cheveux,
Parée[2] comme les champs, les bois, les routes et la mer,
Belle et parée comme le tour du monde.

Fuis à travers le paysage,
Parmi les branches de fumée et tous les fruits du vent,
Jambes de pierre aux bas de sable,
Prise à la taille, à tous les muscles de rivière,
Et le dernier souci sur un visage transformé.

1. Le poète semble reprendre ici la tradition picturale et poétique de la femme endormie, ou de la muse qui s'offre au regard de l'artiste. Cette figure féminine constitue un pont entre le monde réel et le monde du rêve.
2. Vêtue, habillée.

LA PAROLE

J'ai la beauté facile et c'est heureux.
Je glisse sur le toit des vents
Je glisse sur le toit des mers
Je suis devenue sentimentale
Je ne connais plus le conducteur
Je ne bouge plus soie sur les glaces
Je suis malade fleurs et cailloux
J'aime le plus chinois[1] aux nues[2]
J'aime la plus nue aux écarts d'oiseau
Je suis vieille mais ici je suis belle
Et l'ombre qui descend des fenêtres profondes
Épargne chaque soir le cœur noir de mes yeux.

LA RIVIÈRE

La rivière que j'ai sous la langue,
L'eau qu'on n'imagine pas, mon petit bateau,
Et, les rideaux baissés, parlons.

1. Désigne ici ce qui est jugé complexe, compliqué ou étrange.
2. À comprendre à partir de l'expression « porter aux nues », qui signifie « louer avec excès ».

L'OMBRE AUX SOUPIRS

Sommeil léger, petite hélice,
Petite, tiède, cœur à l'air.
L'amour de prestidigitateur[1],
Ciel lourd des mains, éclairs des veines,

Courant dans la rue sans couleurs,
Pris dans sa traîne de pavés,
Il lâche le dernier oiseau
De son auréole[2] d'hier –
Dans chaque puits, un seul serpent.

Autant rêver d'ouvrir les portes de la mer.

---

1. Le prestidigitateur est un artiste qui produit des illusions, des trompe-l'œil. Par l'emploi de cette expression ambiguë, Éluard semble désigner à la fois le caractère trompeur des sentiments amoureux et le plaisir que l'on peut prendre à le recréer.

2. Cercle de lumière qui entoure la tête des saints ou de Dieu dans les représentations artistiques. Ce terme peut aussi évoquer le poème de Charles Baudelaire (1821-1867), « Perte d'auréole » (*Petits poèmes en prose*, 1869), dans lequel le poète, partagé entre sa quête d'idéal et la bassesse qui l'habite, voit son auréole traînée dans la « fange du macadam ».

NUL

Ce qui se dit : J'ai traversé la rue pour ne plus être au soleil. Il fait trop chaud, même à l'ombre. Il y a la rue, quatre étages et ma fenêtre au soleil. Une casquette sur la tête, une casquette à la main, il vient me serrer la main. Voulez-vous ne pas crier comme ça, c'est de la folie !

*

Des aveugles invisibles préparent les linges du sommeil. La nuit, la lune et leur cœur se poursuivent.

*

À son tour un cri : « l'empreinte, l'empreinte, je ne vois plus l'empreinte. À la fin, je ne puis plus compter sur vous ! »

POÈMES

Le cœur sur l'arbre vous n'aviez qu'à le cueillir,
Sourire et rire, rire et douceur d'outre-sens[1].
Vaincu, vainqueur et lumineux, pur comme un ange,
Haut vers le ciel, avec les arbres.

Au loin, geint[2] une belle qui voudrait lutter
Et qui ne peut, couchée au pied de la colline.
Et que le ciel soit misérable ou transparent
On ne peut la voir sans l'aimer.

Les jours comme des doigts repliant leurs phalanges.
Les fleurs sont desséchées, les graines sont perdues,
La canicule attend les grandes gelées blanches.

À l'œil du pauvre mort. Peindre des porcelaines.
Une musique, bras blancs tout nus.
Les vents et les oiseaux s'unissent – le ciel change.

1. Au-delà des perceptions offertes par les sens.
2. Pousse un cri de souffrance, de douleur.

Paul Éluard

LIMITE

Songe aux souffrances taillées sous des voiles fautifs[1]
Aux petits amateurs de rivières tournantes
Où promenade pour noyade
Nous irons sans plaisir
Nous irons ramer
Dans le cou des eaux[2]

Nous aurons un bateau.

1. Évocation probable du voile que portent les mariées le jour de leurs noces. L'adjectif « fautifs » laisse planer le doute sur la sincérité de l'engagement de l'épouse, et introduit donc la thématique de l'adultère au sein du poème.
2. Le cou désigne la partie anatomique qui relie le corps à la tête. Ici, le terme prend un sens plus métaphorique, car il désigne ce qui est à la naissance de l'eau, sa surface. L'expression se justifie aussi par la proximité du verbe « ramer » et par l'homophonie avec le terme « coup », autour de l'expression « donner un coup de rame ».

LES MOUTONS

Ferme les yeux visage noir
Ferme les jardins de la rue
L'intelligence et la hardiesse[1]
L'ennui et la tranquillité
Ces tristes soirs à tout moment
Le verre et la porte vitrée
Confortable et sensible
Légère et l'arbre à fruits
L'arbre à fleurs l'arbre à fruits
Fuient.

L'UNIQUE

Elle avait dans la tranquillité de son corps
Une petite boule de neige couleur d'œil
Elle avait sur les épaules
Une tache de silence une tache de rose
Couvercle de son auréole
Ses mains et des arcs souples et chanteurs
Brisaient la lumière

Elle chantait les minutes sans s'endormir.

---

1. Caractère audacieux ou risqué d'un être ou d'une chose.

LA VIE

Sourire aux visiteurs
Qui sortent de leur cachette
Quand elle sort elle dort.

Chaque jour plus matinale[1]
Chaque saison plus nue
Plus fraîche

Pour suivre ses regards
Elle se balance.

1. Qui se manifeste tôt le matin.

NUL

Il pose un oiseau sur la table et ferme les volets. Il se coiffe, ses cheveux dans ses mains sont plus doux qu'un oiseau.

*

Elle dit l'avenir[1]. Et je suis chargé de le vérifier.

*

Le cœur meurtri[2], l'âme endolorie[3], les mains brisées, les cheveux blancs, les prisonniers, l'eau tout entière est sur moi comme une plaie à nu.

1. Évocation probable des habitudes divinatoires de Gala. La femme d'Éluard avait l'habitude de tirer les cartes de tarot ou de faire de l'astrologie pour prédire l'avenir. L'ésotérisme a par ailleurs une grande place dans l'inspiration des surréalistes.
2. Blessé.
3. Qui éprouve de la peine ou de la douleur.

Paul Éluard

INTÉRIEUR

Dans quelques secondes
Le peintre et son modèle
Prendront la fuite[1].

Plus de vertus
Ou moins de malheurs
J'aperçois une statue

Une sorte d'amande
Une médaille vernie
Pour le plus grand ennui.

1. Clin d'œil biographique à la liaison amoureuse de Max Ernst avec Gala, qui ouvre sur une réflexion plus large sur la relation d'exclusivité de l'artiste et de sa muse.

À CÔTÉ

La nuit plus longue et la route plus blanche.
Lampes je suis plus près de vous que la lumière.
Un papillon l'oiseau d'habitude
Roue brisée de ma fatigue
De bonne humeur place
Signal vide et signal
À l'éventail d'horloge.

À CÔTÉ

Soleil tremblant
Signal vide et signal à l'éventail d'horloge[1]
Aux caresses unies d'une main sur le ciel
Aux oiseaux entrouvrant le livre des aveugles[2]
Et d'une aile après l'autre entre cette heure et l'autre
Dessinant l'horizon faisant tourner les ombres
Qui limitent le monde quand j'ai les yeux baissés.

1. L'expression renvoie au mouvement et à la forme circulaire du « soleil tremblant » évoqué au premier vers, redoublé ici par le mouvement de l'aiguille sur l'horloge. Le soleil étant, par sa position, un indicateur temporel, ses caractéristiques morphologiques et utilitaires permettent de créer cette association poétique avec l'horloge.

2. Cette image énigmatique semble désigner la quête par Éluard d'une poésie qui dépasse le simple sens de la vue, au profit d'autres sens.

Paul Éluard

L'IMPATIENT

Si triste de ses faux calculs
Qu'il inscrit ses nombres à l'envers
Et s'endort.

Une femme plus belle
Et n'a jamais trouvé,
Cherché les idées roses des quinze ans à peine,
Ri sans le savoir, sans un compliment
Aux jeunesses du temps.

À la rencontre
De ce qui passait à côté
L'autre jour,

De la femme qui s'ennuyait,
Les mains à terre,
Sous un nuage.

La lampe s'allumait aux méfaits[1] de l'orage
Aux beaux jours d'Août sans défaillances[2],
La caressante embrassait l'air, les joues de sa compagne,

1. Actions mauvaises ou malintentionnées, qui visent à nuire.
2. Ralentissements, marques d'affaiblissement d'un processus.

Fermait les yeux
Et comme les feuilles le soir
Se perdait à l'horizon.

SANS MUSIQUE

Les muets sont des menteurs, parle.
Je suis vraiment en colère de parler seul
Et ma parole
Éveille des erreurs

Mon petit cœur.

LUIRE[1]

Terre irréprochablement cultivée,
Miel d'aube[2], soleil en fleurs,
Coureur tenant encore par un fil au dormeur
(Nœud par intelligences)
Et le jetant sur son épaule :
« Il n'a jamais été plus neuf,
Il n'a jamais été si lourd. »
Usure, il sera plus léger,
Utile.
Clair soleil d'été avec :
Sa chaleur, sa douceur, sa tranquillité
Et, vite,
Les porteurs de fleurs en l'air touchent de la terre.

1. Émettre de la lumière.
2. Instants qui précèdent le lever du soleil.

LA GRANDE MAISON INHABITABLE

Au milieu d'une île étonnante
Que ses membres traversent
Elle vit d'un monde ébloui.

La chair que l'on montre aux curieux
Attend là comme les récoltes
La chute sur les rives.

En attendant pour voir plus loin
Les yeux plus grands ouverts sous le vent de ses mains
Elle imagine que l'horizon a pour elle dénoué sa ceinture.

LA MORT DANS LA CONVERSATION

Qui a votre visage ?
La bonne et la mauvaise[1]
La belle imaginable
Gymnastique à l'infini
Dépassant en mouvements
Les couleurs et les baisers
Les grands gestes la nuit.

---

1. Jeu sémantique du poète autour de l'expression « la bonne mort ». Paul Éluard interroge ici les débats théologiques du « bien mourir » (*ars moriendi*) qui s'étaient développés au Moyen Âge suite aux épidémies de peste noire en Europe.

RAISON DE PLUS

Les lumières en l'air,
L'air sur un tour moitié passé, moitié brillant,
Faites entrer les enfants,
Tous les saluts, tous les baisers, tous les remerciements.

Autour de la bouche
Son rire est toujours différent,
C'est un plaisir, c'est un désir, c'est un tourment,
C'est une folle, c'est la fleur, une créole[1] qui passe.

La nudité, jamais la même.
Je suis bien laid.
Au temps des soins[2], des neiges, herbes en soins,
Neiges en foule,
Au temps en heures fixes,
Des souples satins[3] des statues.
Le temple est devenu fontaine
Et la main remplace le cœur.

Il faut m'avoir connu à cette époque pour m'aimer,
Sûr du lendemain.

---

1. Personne d'ascendance européenne née dans une ancienne colonie d'outre-mer.
2. Au début des années 1910, Éluard passe plusieurs séjours dans des sanatorium pour traiter des problèmes pulmonaires. C'est au cours de l'un de ces séjours qu'il fait la connaissance de Gala.
3. Tissus ou drapés précieux, en soie.

LESQUELS ?

Pendant qu'il est facile
Et pendant qu'elle est gaie
Allons nous habiller et nous déshabiller.

RUBANS

L'alarme matérielle où, sans excuse, apparaît la douleur future.

C'est bien : presque insensible. C'est un signe de plus de dignité.

Aucun étonnement, une femme ou un gracieux enfant de toile fine et de paille, idées de grandeur,

Leurs yeux se sont levés plus tôt que le soleil.

*

Les sacrifiés font un geste qui ne dit rien parmi la dentelle de tous les autres gestes, imaginaires, à cinq ou six, vers le lieu de repos où il n'y a personne.

Constaté qu'ils se sont réfugiés dans les branches nues d'une politesse désespérée, d'une couronne taillée à coups de vent.

Prendre, cordes de la vie. Pouviez-vous prendre plus de libertés ?

*

De petits instruments,

Et les mains qui pétrissent[1] un ballon pour le faire éclater, pour que le sang de l'homme lui jaillisse au visage.

Et les ailes qui sont attachées comme la terre et la mer.

---

1. Façonnent, modèlent à l'aide de leurs mains.

L'AMI

La photographie : un groupe.
Si le soleil passait,
Si tu bouges.

Fards[1]. À l'intérieur, blanche et vernie,
Dans le tunnel.
« Au temps des étincelles
On débouchait la lumière[2]. »

Postérité[3], mentalité des gens.
La bien belle peinture.
L'épreuve[4], s'entendre.
L'espoir des cantharides[5]
Est un bien bel espoir.

---

1. Compositions poudreuses utilisées en guise de maquillage sur la peau. Le terme est aussi employé pour désigner tout processus qui permet la dissimulation ou les faux-semblants.
2. L'expression est liée à la technique photographique du début du xxe siècle. La pellicule était exposée à la lumière grâce à un bouchon amovible.
3. Générations qui suivent un événement, ou qui succèdent, par un lien familial direct, à des êtres vivants.
4. Nom donné au tirage photographique sur papier.
5. Insectes qui, réduits en poudre, étaient utilisés à des fins médicinales ou aphrodisiaques.

VOLONTAIREMENT

Aveugle maladroit, ignorant et léger,
Aujourd'hui pour oublier,
Le mois prochain pour dessiner
Les coins de rue, les allées à perte de vue.
Je les imite pour m'étendre
Dans une nuit profonde et large de mon âge.

À LA MINUTE

L'instrument
Comme tu le vois.
Espérons
Et
Espérons
Adieu
Ne t'avise pas
Que les yeux
Comme tu le vois
Le jour et la nuit ont bien réussi.
Je le regarde je le vois.

PARFAIT

Un miracle de sable fin
Transperce les feuilles les fleurs
Éclôt dans les fruits
Et comble les ombres.

Tout est enfin divisé
Tout se déforme et se perd
Tout se brise et disparaît
La mort sans conséquences.

Enfin
La lumière n'a plus la nature
Ventilateur gourmand étoile de chaleur
Elle abandonne les couleurs
Elle abandonne son visage

Aveugle silencieuse
Elle est partout semblable et vide.

Paul Éluard

RONDE

Sous un soleil ressort du paysage
Une femme s'emballe[1]
Frise[2] son ombre avec ses jambes
Et d'elle seule espère les espoirs les plus mystérieux

Je la trouve sans soupçons sans aucun doute amoureuse
Au lieu des chemins assemblés
De la lumière en un point diminuée
Et des mouvements impossibles
La grande porte de la face
Aux plans discutés adoptés
Aux émotions de pensée
Le voyage déguisé et l'arrivée de réconciliation

La grande porte de la face
La vue des pierres précieuses
Le jeu du plus faible en plus fort.

1. L'expression joue volontairement sur les deux sens du verbe « s'emballer ». La phrase peut laisser imaginer une femme qui se recouvre (sens premier) du paysage, ou une femme qui s'anime avec enthousiasme (sens second).

2. Le verbe est de nouveau ambigu : il peut évoquer le fait que la femme se recourbe avec ses « jambes » pour former une boucle avec son ombre, ou, au sens plus figuré, qu'elle perd de sa netteté.

CE N'EST PAS LA POÉSIE QUI…

Avec des yeux pareils
Que tout est semblable
École de nu[1].
Tranquillement
Dans un visage délié
Nous avons pris des garanties
Un coup de main aux cheveux rapides
La bouche de voluptueux[2] inférieur joue et tombe
Et nous lançons le menton qui tourne comme une toupie.

1. Référence à la peinture faite à partir d'un modèle dénudé, qui constitue un genre pictural à part entière et est un passage obligé de l'apprentissage académique de cette forme d'art.
2. Qui procure une impression agréable en lien avec les sens.

ŒIL DE SOURD

Faites mon portrait.
Il se modifiera pour remplir tous les vides.
Faites mon portrait sans bruit, seul le silence
À moins que – s'il – sauf – excepté –
Je ne vous entends pas.

Il s'agit, il ne s'agit plus.
Je voudrais ressembler –
Fâcheuse coïncidence, entre autres grandes affaires.
Sans fatigue, têtes nouées
Aux mains de mon activité.

Mourir de ne pas mourir[1]

À André Breton[2]

1. Cette section du recueil emprunte son titre à un poème de sainte Thérèse d'Avila, religieuse carmélite espagnole du XVIe siècle : « Je vis sans vivre en moi-même, / Avec l'espoir d'une vie si haute / Que je meurs de ne point mourir. » Cette référence annonce l'importance de la thématique religieuse dans cette partie du recueil.
2. Éluard dédicace ce recueil poétique à André Breton en 1924. André Breton (1896-1966) est le chef de file des surréalistes français, et un ami proche du poète.

Paul Éluard

L'ÉGALITÉ DES SEXES

Tes yeux sont revenus d'un pays arbitraire[1]
Où nul n'a jamais su ce que c'est qu'un regard
Ni connu la beauté des yeux, beauté des pierres,
Celle des gouttes d'eau, des perles en placards[2],

Des pierres nues et sans squelette, ô ma statue,
Le soleil aveuglant te tient lieu de miroir
Et s'il semble obéir aux puissances du soir
C'est que ta tête est close, ô statue abattue

Par mon amour et par mes ruses de sauvage.
Mon désir immobile est ton dernier soutien
Et je t'emporte sans bataille, ô mon image,
Rompue à[3] ma faiblesse et prise dans mes liens.

1. Un pays où règne l'injustice.
2. Les placards sont des imprimés qui étaient affichés dans l'Ancien Régime pour diffuser de manière plus ou moins légale une information parmi la population. L'expression « perles en placards » peut se référer aux larmes, portées par le sujet du quatrain « Tes yeux ». Elles couleraient des yeux des femmes dans un pays où leur liberté d'expression ferait question.
3. Être accoutumée à quelque chose.

AU CŒUR DE MON AMOUR

Un bel oiseau me montre la lumière
Elle est dans ses yeux, bien en vue.
Il chante sur une boule de gui
Au milieu du soleil.

*

Les yeux des animaux chanteurs
Et leurs chants de colère ou d'ennui
M'ont interdit de sortir de ce lit.
J'y passerai ma vie.

L'aube dans des pays sans grâce
Prend l'apparence de l'oubli.
Et qu'une femme émue s'endorme, à l'aube,
La tête la première, sa chute l'illumine.

Constellations[1],
Vous connaissez la forme de sa tête
Ici, tout s'obscurcit :
Le paysage se complète, sang aux joues,

1. Groupes d'étoiles qui forment des motifs ou des figures identifiées.

Les masses diminuent et coulent dans mon cœur
Avec le sommeil.
Et qui donc veut me prendre le cœur ?

*

Je n'ai jamais rêvé d'une si belle nuit.
Les femmes du jardin cherchent à m'embrasser –
Soutiens du ciel, les arbres immobiles
Embrassent bien l'ombre qui les soutient.

Une femme au cœur pâle
Met la nuit dans ses habits.
L'amour a découvert la nuit
Sur ses seins impalpables[1].

Comment prendre plaisir à tout ?
Plutôt tout effacer.
L'homme de tous les mouvements,
De tous les sacrifices et de toutes les conquêtes
Dort. Il dort, il dort, il dort.
Il raye de ses soupirs la nuit minuscule, invisible.

Il n'a ni froid, ni chaud.
Son prisonnier s'est évadé – pour dormir.
Il n'est pas mort, il dort.
Quand il s'est endormi

1. Insaisissables, que l'on ne peut toucher.

Tout l'étonnait,
Il jouait avec ardeur[1],
Il regardait,
Il entendait.

Sa dernière parole :
« Si c'était à recommencer, je te rencontrerais sans te [chercher. »
Il dort, il dort, il dort.
L'aube a eu beau lever la tête,
Il dort.

1. Avec passion, avec fougue.

POUR SE PRENDRE AU PIÈGE

C'est un restaurant comme les autres. Faut-il croire que je ne ressemble à personne ? Une grande femme, à côté de moi, bat des œufs avec ses doigts. Un voyageur pose ses vêtements sur une table et me tient tête. Il a tort, je ne connais aucun mystère, je ne sais même pas la signification du mot : mystère, je n'ai jamais rien cherché, rien trouvé, il a tort d'insister.

L'orage qui, par instants, sort de la brume me tourne les yeux et les épaules. L'espace a alors des portes et des fenêtres. Le voyageur me déclare que je ne suis plus le même. Plus le même ! Je ramasse les débris de toutes mes merveilles. C'est la grande femme qui m'a dit que ce sont des débris de merveilles, ces débris. Je les jette aux ruisseaux vivaces et pleins d'oiseaux. La mer, la calme mer est entre eux comme le ciel dans la lumière. Les couleurs aussi, si l'on me parle des couleurs, je ne regarde plus. Parlez-moi des formes[1], j'ai grand besoin d'inquiétude.

Grande femme, parle-moi des formes, ou bien je m'endors et je mène la grande vie[2], les mains prises dans la tête et la tête dans la bouche, dans la bouche bien close, langage intérieur.

---

1. Dans cette expression, les « formes » peuvent renvoyer au secret ou au mystère (le terme apparaît dans le premier paragraphe du poème) des choses visibles du monde.
2. Je vis dans la débauche, le luxe.

a. Pablo Picasso, *Le Rêve*, 1932

b. Max Ernst, *Au rendez-vous des amis,* 1922

c. Georges Braque, *Balustre et crâne,* 1938

d. Max Ernst, *L'Éléphant de Célèbes,* 1921

e. Carte pour le Moulin Rouge, la revue New-York-Montmartre et les 18 Gertrude Hoffmann Girls, années 1920

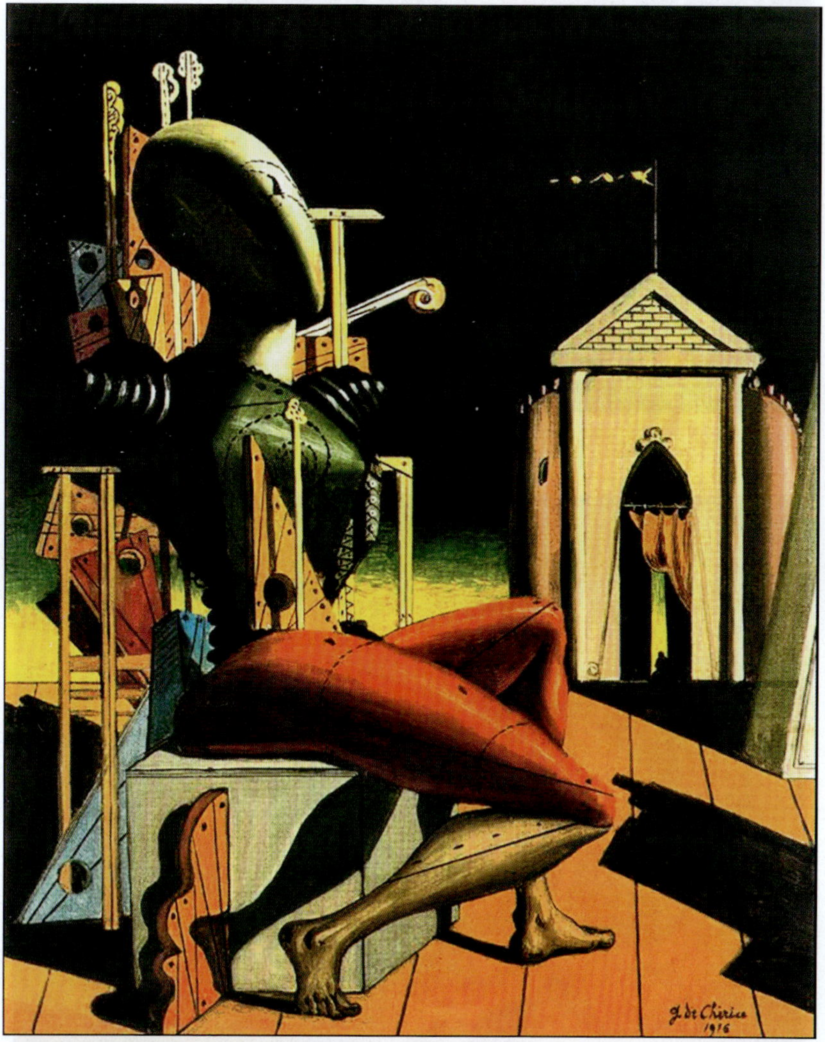

f. Giorgio de Chirico, *Le Prédicteur,* 1916

g. André Masson, *Œdipe,* 1939

h. Pierre-Auguste Renoir, *Baigneuses dans la forêt,* 1897

i. Dora Maar, Sans titre [Main-coquillage], 1934

j. Hans Arp, *Homme, moustache et nombril,* 1929

k. Paul Klee, *Livre ouvert,* 1930

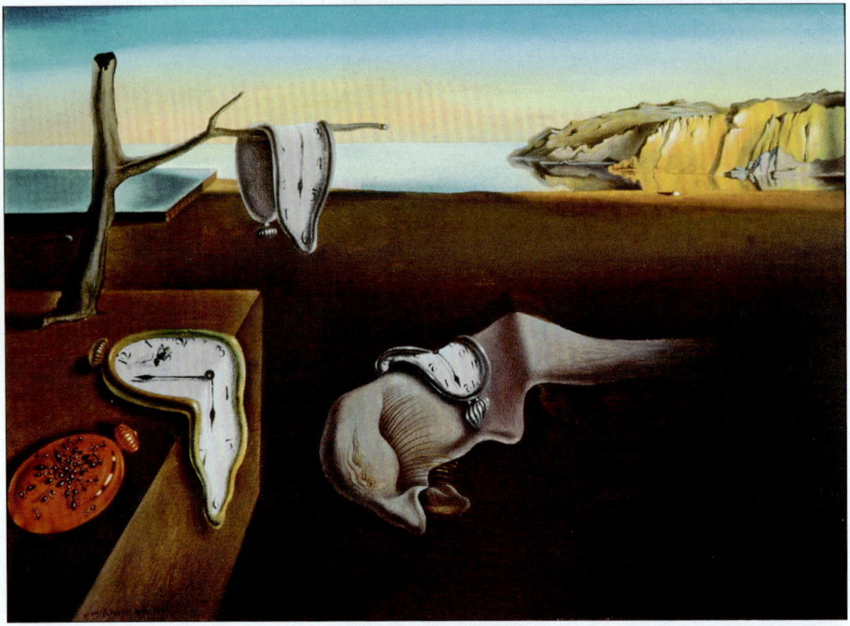

l. Salvador Dalí, *La Persistance de la mémoire,* 1931

m. Hans Arp,
Concrétion humaine, 1933

L'AMOUREUSE

Elle est debout sur mes paupières
Et ses cheveux sont dans les miens,
Elle a la forme de mes mains,
Elle a la couleur de mes yeux,
Elle s'engloutit dans mon ombre
Comme une pierre sur le ciel.

Elle a toujours les yeux ouverts
Et ne me laisse pas dormir.
Ses rêves en pleine lumière
Font s'évaporer les soleils,
Me font rire, pleurer et rire,
Parler sans avoir rien à dire.

LE SOURD ET L'AVEUGLE

Gagnerons-nous la mer avec des cloches
Dans nos poches, avec le bruit de la mer
Dans la mer, ou bien serons-nous les porteurs
D'une eau plus pure et silencieuse ?

L'eau se frottant les mains aiguise des couteaux.
Les guerriers ont trouvé leurs armes dans les flots
Et le bruit de leurs coups est semblable à celui
Des rochers défonçant dans la nuit les bateaux.

C'est la tempête et le tonnerre. Pourquoi pas le silence
Du déluge[1], car nous avons en nous tout l'espace rêvé
Pour le plus grand silence et nous respirerons
Comme le vent des mers terribles, comme le vent

Qui rampe lentement sur tous les horizons.

1. Le terme renvoie à l'épisode biblique de l'Ancien Testament (*Genèse*) qui voit la Terre inondée par les flots, et qui pousse Noé à construire une arche pour y préserver la vie.

L'HABITUDE

Toutes mes petites amies sont bossues :
Elles aiment leur mère.
Tous mes animaux sont obligatoires[1],
Ils ont des pieds de meuble
Et des mains de fenêtre.
Le vent se déforme,
Il lui faut un habit sur mesure,
Démesuré.
Voilà pourquoi
Je dis la vérité sans la dire.

1. Cette formule, un brin énigmatique, évoque un autre recueil d'Éluard intitulé *Les Animaux et leurs Hommes, les Hommes et leurs Animaux* (1920). On trouve, dans l'un des poèmes de ce recueil, « Homme utile », ces vers : « Rêve, / Les yeux ouverts, les mains ouvertes / Dans le désert, / Dans le désert qui joue / Avec les animaux – les inutiles. »

DANS LA DANSE[1]

Petite table enfantine,
il y a des femmes dont les yeux sont comme des morceaux
[de sucre,
il y a des femmes graves comme les mouvements de l'amour
[qu'on ne surprend pas,
il y a des femmes au visage pâle,
d'autres comme le ciel à la veille du vent.
Petite table dorée des jours de fête,
il y a des femmes de bois vert et sombre
celles qui pleurent,
de bois sombre et vert :
celles qui rient.

Petite table trop basse ou trop haute,
il y a des femmes grasses
avec des ombres légères,
il y a des robes creuses,
des robes sèches,
des robes que l'on porte chez soi et que l'amour ne fait jamais
[sortir.

1. Le titre du poème est une référence à la comptine du XVIIIe siècle de Mme de Pompadour, « Nous n'irons plus au bois ». Le refrain en est le suivant : « Entrez dans la danse, voyez comme on danse, / Sautez, dansez, embrassez qui vous voudrez. ».

Mourir de ne pas mourir

Petite table,
je n'aime pas les tables sur lesquelles je danse,
je ne m'en doutais pas.

LE JEU DE CONSTRUCTION

À Raymond Roussel[1].

L'homme s'enfuit, le cheval tombe,
La porte ne peut pas s'ouvrir,
L'oiseau se tait, creusez sa tombe,
Le silence le fait mourir.

Un papillon sur une branche
Attend patiemment l'hiver,
Son cœur est lourd, la branche penche,
La branche se plie comme un ver[2].

Pourquoi pleurer la fleur séchée
Et pourquoi pleurer les lilas ?
Pourquoi pleurer la rose d'ambre[3] ?

Pourquoi pleurer la pensée tendre ?
Pourquoi chercher la fleur cachée
Si l'on n'a pas de récompense ?

– Mais pour ça, ça et ça.

---

1. Écrivain français (1877-1933). Il est l'un des auteurs à avoir développé les principes de l'écriture automatique, qui mêle l'idée de contrainte avec des jeux de hasard dans la composition des textes. Le titre de ce poème et le fait qu'il reprenne la contrainte versifiée est une allusion probable à Roussel dans son rapport expérimental à la création littéraire.

2. La comparaison avec le ver de terre est un jeu avec l'homophone « vers », forme poétique, qui assemble des mots selon des contraintes rythmées et rimées.

3. Parfum prisé en Orient, aux notes suaves.

ENTRE AUTRES[1]

À l'ombre des arbres
Comme au temps des miracles,

Au milieu des hommes
Comme la plus belle femme

Sans regrets, sans honte,
J'ai quitté le monde.

– Qu'avez-vous vu ?

– Une femme jeune, grande et belle
En robe noire très décolletée.

1. Le titre reprend l'expression française qui signifie « entre autres choses » ou « entre autres personnes ». Ce titre peut appuyer sur l'aspect anecdotique ou gratuit du poème au sein du recueil, ou accentuer le caractère singulier de la figure féminine qui surgit « au milieu des hommes » dans ce texte.

GIORGIO DE CHIRICO[1]

Un mur dénonce un autre mur
Et l'ombre me défend de mon ombre peureuse.
Ô tour de mon amour autour de mon amour,
Tous les murs filaient blanc[2] autour de mon silence.

Toi, que défendais-tu ? Ciel insensible et pur
Tremblant tu m'abritais. La lumière en relief
Sur le ciel qui n'est plus le miroir du soleil,
Les étoiles de jour parmi les feuilles vertes,

Le souvenir de ceux qui parlaient sans savoir,
Maîtres de ma faiblesse et je suis à leur place
Avec des yeux d'amour et des mains trop fidèles
Pour dépeupler un monde dont je suis absent.

---

1. Peintre italien (1888-1978) qu'Éluard rencontre dans les années 1910, et dont la peinture intéressa tout particulièrement les surréalistes jusqu'à la fin des années 1920. Elle présente souvent des paysages dénués de vie, où s'imposent des bâtiments néoclassiques et de vastes perspectives désertes et colorées. Les rares formes humaines prennent la forme de mannequins sans visage, qui se fondent parfois dans les éléments architecturaux. Le contenu du poème est une claire référence aux caractéristiques de cette peinture, et à sa dimension métaphysique : du « mur qui dénonce un autre mur », du premier vers, à l'expression qui clôture le dernier quatrain, « Pour dépeupler un monde dont je suis absent ».
2. Jeu avec l'expression « filer droit » (être sage, respecter les règles), qui est ici réinventée par Éluard autour de la couleur de la pierre. L'expression ainsi remaniée évoque la droiture des lignes et des perspectives du peintre De Chirico, et l'atmosphère ordonnée qui s'en dégage.

BOUCHE USÉE[1]

Le rire tenait sa bouteille
À la bouche riait la mort
Dans tous les lits où l'on dort
Le ciel sous tous les corps sommeille

Un clair ruban vert à l'oreille
Trois boules une bague en or
Elle porte sans effort
Une ombre aux lumières pareille

Petite étoile des vapeurs
Au soir des mers sans voyageurs
Des mers que le ciel cruel fouille

Délices portées à la main
Plus douce poussière à la fin
Les branches perdues sous la rouille.

---

1. Ce poème, qui prend la forme d'un sonnet (deux quatrains et deux tercets), a une dimension satirique et moqueuse. Il est d'abord paru en 1921 dans la revue *La Vie des lettres et des arts*, pour railler la vision de la poésie que défendait le directeur de la revue, adepte du modernisme. Ce mouvement artistique entendait tourner le dos aux songes et aux rêveries pour ancrer la création dans son époque et s'enthousiasmer des promesses du monde moderne. Il introduisait par exemple des éléments liés à la technologie industrielle, qui marque le début du XXe siècle, dans la poésie. Éluard reprend ici une forme classique, mais il la tord avec une certaine ironie, car les vers sont volontairement irréguliers. Il semble pourtant défendre les motifs poétiques du sommeil et de la rêverie que rejette la revue. L'expression « bouche usée » est donc ambiguë, car si le poète reconnaît la nécessité d'inventer un nouveau langage, il défend aussi les motifs poétiques anciens.

DANS LE CYLINDRE[1] DES TRIBULATIONS[2]

Que le monde m'entraîne et j'aurai des souvenirs.

Trente filles au corps opaque[3], trente filles divinisées par l'imagination, s'approchent de l'homme qui repose dans la petite vallée de la folie.

L'homme en question joue avec ferveur. Il joue contre lui-même et gagne. Les trente filles en ont vite assez. Les caresses du jeu ne sont pas celles de l'amour et le spectacle n'en est pas aussi charmant, séduisant et agréable.

Je parle de trente filles au corps opaque et d'un joueur heureux. Il y a aussi, dans une ville de laine et de plumes, un oiseau sur le dos d'un mouton. Le mouton, dans les fables, mène l'oiseau en paradis.

Il y a aussi les siècles personnifiés[4], la grandeur des siècles présents, le vertige des années défendues et des fruits perdus.

Que les souvenirs m'entraînent et j'aurai des yeux ronds comme le monde.

---

1. Rouleau souvent employé à des fins mécaniques, pour broyer ou comprimer certaines matières. Ici, il évoque aussi le mouvement circulaire et tourbillonnant de l'existence.
2. Successions d'aventures, souvent désagréables.
3. Cette image est volontairement obscure. Le nombre précis des jeunes filles est un peu arbitraire, mais ajouté au personnage masculin du poème, il constitue trente-et-un protagonistes, ce qui pourrait évoquer la durée traditionnelle d'un mois, et donc un cycle temporel donné. Opaque signifie « qui ne laisse pas passer la lumière », et, par extension, « que l'on ne comprend pas, qui reste mystérieux ».
4. Incarnés, qui prennent une forme humaine.

DENISE DISAIT AUX MERVEILLES[1]

Le soir traînait des hirondelles. Les hiboux
Partageaient le soleil et pesaient sur la terre
Comme les pas jamais lassés d'un solitaire
Plus pâle que nature et dormant tout debout.

Le soir traînait des armes blanches sur nos têtes[2].
Le courage brûlait les femmes parmi nous,
Elles pleuraient, elles criaient comme des bêtes,
Les hommes inquiets s'étaient mis à genoux.

Le soir, un rien, une hirondelle qui dépasse,
Un peu de vent, les feuilles qui ne tombent plus,
Un beau détail, un sortilège sans vertus
Pour un regard qui n'a jamais compris l'espace.

---

1. Le titre fait probablement référence à Denise Lévy, la cousine par alliance d'André Breton, qui s'adonnait avec Gala et Éluard aux séances de sommeil ou d'hypnose alors en vogue. L'atmosphère onirique de ce poème évoque cette pratique très prisée des surréalistes dans les années 1920.
2. Les armes blanches désignent les armes en acier (couteau, épée, sabre). Éluard fait aussi référence, dans le prolongement de ce vers, à l'expression « avoir une épée de Damoclès au-dessus de la tête », qui signifie être sous le coup d'une menace imminente.

Paul Éluard

LA BÉNÉDICTION[1]

À l'aventure, en barque, au nord.
Dans la trompette des oiseaux
Les poissons dans leur élément.

L'homme qui creuse sa couronne
Allume un brasier[2] dans la cloche,
Un beau brasier-nid-de-fourmis.

Et le guerrier bardé[3] de fer
Que l'on fait rôtir à la broche
Apprend l'amour et la musique.

1. Ce titre, qui désigne, au sens religieux, une faveur accordée par Dieu à un être, est aussi une référence au poème des *Fleurs du mal* de Charles Baudelaire. Le vers baudelairien « Comme un tout jeune oiseau qui tremble et qui palpite » se retrouve presque dans celui d'Éluard « Dans la trompette des oiseaux ».

2. Feu très intense.

3. Recouvert de.

LA MALÉDICTION[1]

Un aigle, sur un rocher, contemple l'horizon béat[2]. Un aigle défend le mouvement des sphères. Couleurs douces de la charité[3], tristesse, lueurs sur les arbres décharnés[4], lyre en étoile d'araignée[5], les hommes qui sous tous les cieux se ressemblent sont aussi bêtes sur la terre qu'au ciel. Et celui qui traîne un couteau dans les herbes hautes, dans les herbes de mes yeux, de mes cheveux et de mes rêves, celui qui porte dans ses bras tous les signes de l'ombre, est tombé, tacheté d'azur, sur les fleurs à quatre couleurs.

---

1. Condamnation divine au malheur. Ce titre est à mettre en parallèle du poème qui précède, « La bénédiction », et alimente une thématique religieuse plus large dans la section, au regard notamment du poème qui suit, « Silence de l'Évangile ».

2. Au comble du bonheur. L'adjectif est, dans le vocable religieux, lié à une révélation mystique.

3. Amour que l'on doit à son prochain dans la religion chrétienne.

4. Sans feuilles.

5. La lyre est l'instrument à cordes qui est l'attribut du poète dans la mythologie gréco-latine. L'image rapproche les faisceaux lumineux, dans les branches décharnées des arbres, à cet instrument poétique. L'arbre devient ainsi un support presque instrumental de création dans le poème.

SILENCE DE L'ÉVANGILE[1]

Nous dormons avec des anges rouges qui nous montrent le désert sans minuscules et sans les doux réveils désolés[2]. Nous dormons. Une aile nous brise, évasion, nous avons des roues plus vieilles que les plumes envolées, perdues, pour explorer les cimetières de la lenteur, la seule luxure[3].

*

La bouteille que nous entourons des linges de nos blessures ne résiste à aucune envie. Prenons les cœurs, les cerveaux, les muscles de la rage, prenons les fleurs invisibles des blêmes[4] jeunes filles et des enfants noués, prenons la main de la mémoire, fermons les yeux du souvenir, une théorie d'arbres délivrés par les voleurs nous frappe et nous divise, tous les morceaux sont bons. Qui les rassemblera : la terreur, la souffrance ou le dégoût ?

*

Dormons, mes frères. Le chapitre inexplicable est devenu incompréhensible. Des géants passent en exhalant[5] des plaintes terribles, des plaintes de géant, des plaintes comme l'aube veut en pousser, l'aube qui ne peut plus se plaindre, depuis le temps, mes frères, depuis le temps.

---

1. Livre qui raconte la vie de Jésus et des apôtres.
2. Dénués de présence humaine, désertiques.
3. Tendance à se livrer au plaisir sexuel ; l'un des sept péchés capitaux dans la théologie chrétienne.
4. Pâles, ternes.
5. En soufflant, en laissant échapper.

SANS RANCUNE[1]

Larmes des yeux, les malheurs des malheureux,
Malheurs sans intérêt et larmes sans couleurs.
Il ne demande rien, il n'est pas insensible,
Il est triste en prison et triste s'il est libre.

Il fait un triste temps, il fait une nuit noire
À ne pas mettre un aveugle dehors. Les forts
Sont assis, les faibles tiennent le pouvoir
Et le roi est debout près de la reine assise.

Sourires et soupirs, des injures pourrissent
Dans la bouche des muets et dans les yeux des lâches.
Ne prenez rien : ceci brûle, cela flambe !
Vos mains sont faites pour vos poches et vos fronts.

*

Une ombre…
Toute l'infortune du monde
Et mon amour dessus
Comme une bête nue.

1. Sentiment d'animosité dissimulé et durable. Le poème reprend ici l'expression « sans rancune », qui invite à enterrer ou à oublier tout ressentiment vis-à-vis de quelqu'un ou de quelque chose.

CELLE QUI N'A PAS LA PAROLE

Les feuilles de couleur dans les arbres nocturnes
Et la liane verte et bleue qui joint le ciel aux arbres,
Le vent à la grande figure
Les épargne. Avalanche, à travers sa tête transparente
La lumière, nuée d'insectes[1], vibre et meurt.

Miracle dévêtu, émiettement[2], rupture
Pour un seul être.

La plus belle inconnue
Agonise éternellement.

Étoiles de son cœur aux yeux de tout le monde.

1. Une multitude d'insectes.
2. Réduction en miettes, en fragments.

NUDITÉ DE LA VÉRITÉ[1]

« Je le sais bien. »

Le désespoir n'a pas d'ailes,
L'amour non plus,
Pas de visage,
Ne parlent pas,
Je ne bouge pas,
Je ne les regarde pas,
Je ne leur parle pas
Mais je suis bien aussi vivant que mon amour et que mon
[désespoir.

1. La vérité, allégorisée en peinture dès le XVe siècle, était souvent représentée sous la forme d'une femme nue.

PERSPECTIVE

Un millier de sauvages
S'apprêtent à combattre.
Ils ont des armes,
Ils ont leur cœur, grand cœur,
Et s'alignent avec lenteur
Devant un millier d'arbres verts
Qui, sans en avoir l'air,
Tiennent encore à leur feuillage.

TA FOI[1]

Suis-je autre chose que ta force ?
Ta force dans tes bras,
Ta tête dans tes bras,
Ta force dans le ciel décomposé,
Ta tête lamentable,
Ta tête que je porte.
Tu ne joueras plus avec moi,
Héroïne perdue,
Ma force bouge dans tes bras.

1. Adhésion puissante à une idée, à un être ou une chose. Le terme est très connoté religieusement.

MASCHA[1] RIAIT AUX ANGES[2]

L'heure qui tremble au fond du temps tout embrouillé

Un bel oiseau léger plus vif qu'une poussière
Traîne sur un miroir un cadavre sans tête
Des boules de soleil adoucissent ses ailes
Et le vent de son vol affole la lumière

Le meilleur a été découvert loin d'ici.

1. Diminutif du prénom russe Maria. Ces consonances russes peuvent évoquer Gala et ses origines.
2. Riait aux éclats.

Les petits justes[1]

1. Le nom de cette section du recueil fait référence à une pièce de vêtement typique du XVIIIe siècle. Les justes étaient des vestes ajustées, portées par la classe paysanne, et taillées d'une seule pièce. La simplicité de ce vêtement donne le ton de cette section, qui regroupe des poèmes dont la forme se veut modeste et simple.

I

Sur la maison du rire
Un oiseau rit dans ses ailes.
Le monde est si léger
Qu'il n'est plus à sa place
Et si gai
Qu'il ne lui manque rien.

II

Pourquoi suis-je si belle ?
Parce que mon maître me lave[1].

III

Avec tes yeux je change comme avec les lunes
Et je suis tour à tour et de plomb et de plume,
Une eau mystérieuse et noire qui t'enserre[2]
Ou bien dans tes cheveux ta légère victoire.

IV

Une couleur madame, une couleur monsieur,
Une aux seins, une aux cheveux,
La bouche des passions
Et si vous voyez rouge[3]
La plus belle est à vos genoux.

---

1. Le poème prend la forme d'une devinette enfantine. Dans la postface d'*Au rendez-vous allemand* (1944), Éluard commente ainsi son goût pour le rire facile et gratuit au sein de sa création poétique : « Je ne résiste pas à la tentation d'introduire dans ce que j'écris de puériles devinettes. »
2. Te serre étroitement, fortement.
3. Éluard joue ici avec le sens propre et le sens figuré de l'expression « voir rouge », qui signifie « se mettre en colère ». Elle renvoie ici aussi au jeu chromatique qui veut que le poète distribue les couleurs dès le premier vers : « Une couleur madame, une couleur monsieur ».

V

À faire rire la certaine,
Était-elle en pierre ?
Elle s'effondra.

VI

Le monstre de la fuite hume[1] même les plumes
De cet oiseau roussi par le feu du fusil.
Sa plainte vibre tout le long d'un mur de larmes
Et les ciseaux des yeux coupent la mélodie
Qui bourgeonnait[2] déjà dans le cœur du chasseur.

VII

La nature s'est prise aux filets[3] de ta vie.
L'arbre, ton ombre, montre sa chair nue : le ciel.
Il a la voix du sable et les gestes du vent.
Et tout ce que tu dis bouge derrière toi.

VIII

Elle se refuse toujours à comprendre, à entendre,
Elle rit pour cacher sa terreur d'elle-même.
Elle a toujours marché sous les arches[4] des nuits
Et partout où elle a passé
Elle a laissé
L'empreinte des choses brisées.

---

1. Inspire pour sentir.
2. Poussait en bourgeons, prenait de l'ampleur.
3. S'est retrouvée piégée.
4. Arcades en forme de voûte.

IX

Sur ce ciel délabré[1], sur ces vitres d'eau douce,
Quel visage viendra, coquillage sonore,
Annoncer que la nuit de l'amour touche au jour,
Bouche ouverte liée à la bouche fermée.

X

Inconnue, elle était ma forme préférée,
Celle qui m'enlevait le souci d'être un homme,
Et je la vois et je la perds et je subis
Ma douleur, comme un peu de soleil dans l'eau froide.

XI

Les hommes qui changent et se ressemblent
Ont, au cours de leurs jours, toujours fermé les yeux
Pour dissiper la brume de dérision[2]
Etc…

1. Usé, détérioré par le temps.
2. Moquerie teintée de mépris.

Nouveaux poèmes[1]

À G[2].

1. Ce titre de section renvoie à la quête de renouveau amoureux et esthétique qui semble animer la plume d'Éluard et que l'on retrouve dans les poèmes ici réunis. Ils s'organisent en effet selon un parcours qui va de l'ombre (« Ne plus partager », « Absences ») à la lumière (« Le grand jour »).
2. Cette section du recueil est dédicacée à Gala, la femme et la muse d'Éluard.

Paul Éluard

NE PLUS PARTAGER

Au soir de la folie, nu et clair,
L'espace entre les choses a la forme de mes paroles
La forme des paroles d'un inconnu,
D'un vagabond[1] qui dénoue la ceinture de sa gorge
Et qui prend les échos au lasso[2].

Entre des arbres et des barrières,
Entre des murs et des mâchoires,
Entre ce grand oiseau tremblant
Et la colline qui l'accable,
L'espace a la forme de mes regards.

Mes yeux sont inutiles,
Le règne de la poussière est fini,
La chevelure de la route a mis son manteau rigide,
Elle ne fuit plus, je ne bouge plus,
Tous les ponts sont coupés, le ciel n'y passera plus
Je peux bien n'y plus voir.
Le monde se détache de mon univers
Et, tout au sommet des batailles,
Quand la saison du sang se fane dans mon cerveau,
Je distingue le jour de cette clarté d'homme
Qui est la mienne,

---

1. Personne qui erre, à défaut d'avoir un toit ou des ressources.
2. Corde ou lanière de cuir servant à attraper les animaux par un système de nœud coulant.

Je distingue le vertige de la liberté,
La mort de l'ivresse,
Le sommeil du rêve,

Ô reflets sur moi-même ! ô mes reflets sanglants !

ABSENCES

I

La plate volupté[1] et le pauvre mystère
Que de n'être pas vu.

Je vous connais, couleur des arbres et des villes,
Entre nous est la transparence de coutume
Entre les regards éclatants.
Elle roule sur pierres
Comme l'eau se dandine[2].
D'un côté de mon cœur des vierges s'obscurcissent,
De l'autre la main douce est au flanc des collines[3].
La courbe de peu d'eau provoque cette chute,
Ce mélange de miroirs.
Lumières de précision, je ne cligne pas des yeux,
Je ne bouge pas,
Je parle
Et quand je dors
Ma gorge est une bague à l'enseigne de tulle[4].

1. Plaisir lié aux sens.
2. Se déhanche, se balance de manière maladroite.
3. Sur le versant des collines.
4. Tissu très fin, quasi transparent, composé de coton ou de soie.

ABSENCES

II

Je sors au bras des ombres,
Je suis au bas des ombres,
Seul.

La pitié est plus haut et peut bien y rester,
La vertu se fait l'aumône[1] de ses seins
Et la grâce s'est prise dans les filets de ses paupières.
Elle est plus belle que les figures des gradins,
Elle est plus dure,
Elle est en bas avec les pierres et les ombres.
Je l'ai rejointe.

C'est ici que la clarté livre sa dernière bataille.
Si je m'endors, c'est pour ne plus rêver.
Quelles seront alors les armes de mon triomphe ?
Dans mes yeux grands ouverts le soleil fait les joints,
Ô jardin de mes yeux !
Tous les fruits sont ici pour figurer des fleurs,
Des fleurs dans la nuit.
Une fenêtre de feuillage

1. L'aumône est le don que la religion chrétienne invite les fidèles à faire pour ceux qui sont dans le besoin. Ici, c'est la vertu qui s'offre les seins de la figure féminine évoquée dans le texte, ce qui crée un décalage voulu entre le vocable moral et religieux et la sensualité qui transparaît dans le texte.

S'ouvre soudain dans son visage.
Où poserai-je mes lèvres, nature sans rivage ?

Une femme est plus belle que le monde où je vis
Et je ferme les yeux.
Je sors au bras des ombres,
Je suis au bas des ombres
Et des ombres m'attendent[1].

1. Cette image peut évoquer le mythe d'Orphée, poète parti chercher son épouse, Eurydice, aux Enfers dans la mythologie grecque. Alors qu'il lui est interdit de se retourner pour voir Eurydice tant que le couple n'est pas revenu dans le monde des vivants, Orphée le fait avant d'avoir quitté les Enfers. Il voit alors Eurydice retourner sous ses yeux à l'état d'ombre.

FIN DES CIRCONSTANCES

Un bouquet tout défait brûle les coqs des vagues[1]
Et le plumage entier de la perdition[2]
Rayonne dans la nuit et dans la mer du ciel.
Plus d'horizon, plus de ceinture,
Les naufragés, pour la première fois, font des gestes qui ne les soutiennent pas. Tout se diffuse, rien ne s'imagine plus.

BAIGNEUSE[3] DU CLAIR AU SOMBRE

L'après-midi du même jour. Légère, tu bouges et, légers, le sable et la mer bougent.

Nous admirons l'ordre des choses, l'ordre des pierres, l'ordre des clartés, l'ordre des heures. Mais cette ombre qui disparaît et cet élément douloureux, qui disparaît.

Le soir, la noblesse est partie de ce ciel. Ici, tout se blottit dans un feu qui s'éteint.

Le soir. La mer n'a plus de lumière et, comme aux temps anciens, tu pourrais dormir dans la mer.

---

1. Éluard joue ici clairement de l'homophonie entre l'oiseau, le « coq » et la « coque » des navires qui parcourent les mers.
2. Perte totale, ruine.
3. La figure de la baigneuse est un modèle féminin de la peinture, que l'on retrouve chez Gustave Courbet ou Auguste Renoir. Paul Éluard joue ici avec cet héritage pictural.

PABLO PICASSO[1]

Les armes du sommeil ont creusé dans la nuit
Les sillons merveilleux qui séparent nos têtes.
À travers le diamant, toute médaille est fausse,
Sous le ciel éclatant, la terre est invisible.

Le visage du cœur a perdu ses couleurs
Et le soleil nous cherche et la neige est aveugle.
Si nous l'abandonnons, l'horizon a des ailes
Et nos regards au loin dissipent les erreurs.

1. Peintre d'origine espagnole (1881-1973), Pablo Picasso devient un ami de Paul Éluard dès le milieu des années 1930. Le poète lui voue une grande admiration, comme le souligne la dédicace qui lui est faite dans le poème suivant du recueil, « Première du monde ». Sa peinture, qui s'affranchit des règles traditionnelles de la perspective et de la composition ainsi que la déstructuration du corps féminin de certains de ses tableaux intéressent grandement les surréalistes.

PREMIÈRE DU MONDE

À Pablo Picasso.

Captive de la plaine, agonisante folle,
La lumière sur toi se cache, vois le ciel :
Il a fermé les yeux pour s'en prendre à ton rêve[1],
Il a fermé ta robe pour briser tes chaînes.

Devant les roues toutes nouées
Un éventail rit aux éclats.
Dans les traîtres filets de l'herbe
Les routes perdent leur reflet.

Ne peux-tu donc prendre les vagues
Dont les barques sont les amandes
Dans ta paume chaude et câline
Ou dans les boucles de ta tête ?

Ne peux-tu prendre les étoiles ?
Écartelée, tu leur ressembles,
Dans leur nid de feu tu demeures
Et ton éclat s'en multiplie.

1. Pour s'attaquer à ton rêve.

Paul Éluard

De l'aube bâillonnée[1] un seul cri veut jaillir,
Un soleil tournoyant ruisselle[2] sous l'écorce.
Il ira se fixer sur tes paupières closes.
Ô douce, quand tu dors, la nuit se mêle au jour.

1. Empêchée de s'exprimer, réduite au silence.
2. Coule.

Sous la menace rouge d'une épée, défaisant sa chevelure qui guide des baisers, qui montre à quel endroit le baiser se repose, elle rit. L'ennui, sur son épaule, s'est endormi. L'ennui ne s'ennuie qu'avec elle qui rit, la téméraire, et d'un rire insensé, d'un rire de fin du jour semant sous tous les ponts des soleils rouges, des lunes bleues, fleurs fanées d'un bouquet désenchanté. Elle est comme une grande voiture de blé et ses mains germent[1] et nous tirent la langue. Les routes qu'elle traîne derrière elle sont ses animaux domestiques et ses pas majestueux[2] leur ferment les yeux.

1. Se développent, naissent.
2. D'une grande beauté, d'une grande dignité.

CACHÉE

Le jardinage est la passion, belle bête de jardinier. Sous les branches, sa tête semblait couverte de pattes légères d'oiseaux. À un fils qui voit dans les arbres.

L'AS DE TRÈFLE[1]

Elle joue comme nul ne joue et je suis seul à la regarder. Ce sont ses yeux qui la ramènent dans mes songes. Presque immobile, à l'aventure.

Et cet autre qu'elle prend par les ailes de ses oreilles a gardé la forme de ses auréoles. Dans l'accolade de ses mains[2], une hirondelle aux cheveux plats se débat sans espoir. Elle est aveugle.

1. Le titre est une référence à la carte à jouer. Gala tirait les cartes, et les pratiquait souvent, ce qui met le lecteur sur sa piste s'il s'agit d'identifier une figure féminine dans ce poème.
2. Dans le creux de ses mains.

À LA FLAMME DES FOUETS

Ces beaux murs blancs d'apothéose[1]
Me sont d'une grande utilité.
Tout au sérieux, celui qui ne paie pas les dégâts
Jongle avec ton trousseau[2], reine des lavandes.

Est-il libre ? Sa gorge montre d'un doigt impérieux
Des corridors où glissent les sifflets de ses chevilles.
Son teint, de l'aube au soir, démode ses tatouages
Et l'asile[3] de ses yeux a des portes sans nuages.

Ô régicide[4] ! ton corset[5] appartient aux mignons
Et aux mignonnes[6] de toutes sortes. Ta chair simple s'y
[développe,
Tu t'y pourlèches[7] dans la pourpre[8], ô nouveau médiateur !
Par les fentes de ton sourire s'envole un animal hurleur

Qui ne jouit que dans les hauteurs.

---

1. La gloire qui arrive au terme d'une action.
2. Vêtements et linges que l'on donne à une jeune mariée.
3. Refuge.
4. Assassin d'un roi.
5. Vêtement lacé féminin qui venait enserrer la poitrine pour maintenir la tenue du corps et la finesse de la taille.
6. Favorites du roi.
7. Tu y éprouves une grande satisfaction.
8. Couleur rouge et violacée. Le pourpre est une couleur prisée par les monarques dans leurs tenues.

À LA FLAMME DES FOUETS

Métal qui nuit, métal de jour, étoile au nid,
Pointe à frayeur, fruit en guenilles[1], amour rapace[2],
Porte-couteau, souillure vaine, lampe inondée,
Souhaits d'amour, fruits de dégoût, glaces prostituées.

Bien sûr, bonjour à mon visage !
La lumière y sonne plus clair un grand désir qu'un paysage.
Bien sûr, bonjour à vos harpons[3],
À vos cris, à vos bonds, à votre ventre qui se cache !

J'ai perdu, j'ai gagné, voyez sur quoi je suis monté.

1. En lambeaux, très abîmés.
2. Avide, vorace.
3. Instruments de pêche, composés d'un manche et d'une pointe acérée.

BOIRE

Les bouches ont suivi le chemin sinueux[1]
Du verre ardent, du verre d'astre
Et dans le puits d'une étincelle
Ont mangé le cœur du silence.

Plus un mélange n'est absurde –
C'est ici que l'on voit le créateur de mots
Celui qui se détruit dans les fils qu'il engendre[2]
Et qui nomme l'oubli de tous les noms du monde.

Quand le fond du verre est désert,
Quand le fond du verre est fané
Les bouches frappent sur le verre
Comme sur un mort.

1. Qui décrit une courbe.
2. Provoque, donne naissance à.

ANDRÉ MASSON[1]

La cruauté se noue et la douceur agile se dénoue. L'amant des ailes prend des visages bien clos, les flammes de la terre s'évadent par les seins et le jasmin des mains s'ouvre sur une étoile.

Le ciel tout engourdi[2], le ciel qui se dénoue n'est plus sur nous. L'oubli, mieux que le soir, l'efface. Privée de sang et de reflets, la cadence[3] des tempes et des colonnes subsiste.

Les lignes de la main, autant de branches dans le vent tourbillonnant. Rampe des mois d'hiver, jour pâle d'insomnie, mais aussi, dans les chambres les plus secrètes de l'ombre, la guirlande d'un corps autour de sa splendeur.

---

1. Peintre, graveur et illustrateur cubiste (1896-1987), proche des surréalistes dans les années 1920. Son travail, influencé par l'automatisme, explore les différentes facettes de la perversité humaine, ce qui se ressent dans ce poème de Paul Éluard, qui s'ouvre par le terme « cruauté ».
2. Dans un état proche de la torpeur ou de l'endormissement.
3. Le rythme.

PAUL KLEE[1]

Sur la pente fatale, le voyageur profite
De la faveur du jour, verglas[2] et sans cailloux ;
Et les yeux bleus d'amour, découvre sa saison
Qui porte à tous les doigts de grands astres en bague.

Sur la plage la mer a laissé ses oreilles[3]
Et le sable creusé la place d'un beau crime.
Le supplice est plus dur aux bourreaux qu'aux victimes
Les couteaux[4] sont des signes et les balles des larmes.

---

1. Paul Klee (1879-1940) est un peintre d'origine suisse, considéré comme l'un des précurseurs de la peinture abstraite au XXe siècle. Il s'inspire des avant-gardes de l'époque dans ses œuvres, en laissant une grande place à l'onirisme et au fantastique dans ses différentes réalisations. C'est au milieu des années 1920, alors que le peintre expose à Paris, que Paul Éluard découvre son travail.
2. Dépôt de glace qui se forme lors des grands froids.
3. Cette expression poétique, qui personnifie l'élément marin, se comprend du fait que les « oreilles » désignent, en plus de l'organe, un coquillage marin aussi appelé « orneau ».
4. Paul Éluard joue de nouveau sur la polysémie de ce terme, car en plus de l'arme blanche, le terme peut désigner des coquillages de forme allongée.

LES GERTRUDE HOFFMANN GIRLS[1]

Gertrude, Dorothy, Mary, Claire, Alberta,
Charlotte, Dorothy, Ruth, Catherine, Emma,
Louise, Margaret, Ferral, Harriet, Sara,
Florence toute nue, Margaret, Toots, Thelma,

Belles-de-nuit[2], belles-de-feu, belles-de-pluie,
Le cœur tremblant, les mains cachées, les yeux au vent
Vous me montrez les mouvements de la lumière,
Vous échangez un regard clair pour un printemps,

Le tour de votre taille pour un tour de fleur,
L'audace et le danger pour votre chair sans ombre,
Vous échangez l'amour pour des frissons[3] d'épées
Et le rire inconscient pour des promesses d'aube.

Vos danses sont le gouffre effrayant de mes songes
Et je tombe et ma chute éternise ma vie,
L'espace sous vos pieds est de plus en plus vaste,
Merveilles, vous dansez sur les sources du ciel.

---

1. Dirigée par Gertrude Hoffmann (1871-1968), troupe de danseuses et d'artistes américaines qui se produisait sur les grandes scènes européennes pendant les années 1920, notamment au Moulin-Rouge, où Paul Éluard a pu les découvrir. Cette référence souligne aussi le goût du poète pour les arts populaires.

2. La belle de nuit désigne une plante dont les fleurs ont la particularité de s'ouvrir au crépuscule. Cette spécificité explique que l'expression était aussi utilisée pour désigner les prostituées au cours du XIXe siècle et du début du XXe siècle. Éluard crée ici, par l'ajout des tirets, un mot composé qu'il décline ensuite sous plusieurs formes (« belles-de-feu » et « belles-de-pluie »).

3. Tremblements involontaires liés au froid ou à une émotion forte.

PARIS PENDANT LA GUERRE[1]

Les bêtes qui descendent des faubourgs en feu,
Les oiseaux qui secouent leurs plumes meurtrières,
Les terribles ciels jaunes, les nuages tout nus
Ont, en toute saison, fêté cette statue.

Elle est belle, statue vivante de l'amour.
Ô neige de midi, soleil sur tous les ventres,
Ô flammes du sommeil sur un visage d'ange
Et sur toutes les nuits et sur tous les visages.

Silence. Le silence éclatant de ses rêves
Caresse l'horizon. Ses rêves sont les nôtres
Et les mains de désir qu'elle impose à son glaive
Enivrent d'ouragans le monde délivré.

1. Le titre de ce poème est une référence à une statue du sculpteur Albert Bartholomé qui se situait place du Carrousel à Paris dès 1921, mais qui a disparu depuis. Elle représentait une femme casquée armée d'un glaive. Cette représentation poétique de la femme statue peut évoquer le poème baudelairien « À une passante » (*Les Fleurs du mal*), notamment par le vers suivant : « Agile et noble, avec sa jambe de statue. »

L'icône[1] aérée qui se conjugue isolément peut faire une place décisive à la plus fausse des couronnes ovales[2], crâne de Dieu, polluée par la terreur. L'os gâté[3] par l'eau, ironie à flots irrités qui domine de ses yeux froids comme l'aiguille sur la machine des bonnes mères la tranche du globe que nous n'avons pas choisie.

Doux constructeurs las[4] des églises, doux constructeurs aux tempes de briques roses, aux yeux grillés d'espoir, la tâche que vous deviez faire est pour toujours inachevée. Maisons plus fragiles que les paupières d'un mourant, allaient-ils s'y employer à qui perd gagne ? Boîtes de perles avec, aux vitres, des visages multicolores qui ne se doutent jamais de la pluie ou du beau temps, du soleil d'ivoire ou de la lune tour à tour de soufre et d'acajou, grands animaux immobiles dans les veines du temps, l'aube de midi, l'aube de minuit, l'aube qui n'a jamais rien commencé ni rien fini, cette cloche qui partout et sans cesse sonne le milieu, le cœur de toute chose, ne vous gênera pas. Grandes couvertures de plomb sur des chevelures lisses et odorantes, grand amour transparent sur des corps printaniers, délicats esclaves des prisonniers, vos gestes sont les échelles de votre force, vos larmes ont terni[5] l'insouciance de vos maîtres impuissants et désormais vous pouvez rire effrontément[6], rire, bouquet d'épées, rire, vent de poussière, rire comme arcs-en-ciel tombés de leur balance, comme un poisson géant qui tourne sur lui-même. La liberté a quitté votre corps.

---

1. Œuvre artistique qui représente une divinité.
2. Qui ont une forme courbe, allongée.
3. Endommagé.
4. Fatigués.
5. Ont fait perdre de l'éclat, des couleurs.
6. De manière impertinente.

Le diamant qu'il ne t'a pas donné c'est parce qu'il l'a eu à la fin de sa vie, il n'en connaissait plus la musique, il ne pouvait plus le lancer en l'air, il avait perdu l'illusion du soleil, il ne voyait plus la pierre de ta nudité, chaton[1] de cette bague tournée vers toi.

De l'arabesque[2] qui fermait les lieux d'ivresse, la ronce douce, squelette de ton pouce et tous ces signes précurseurs de l'incendie animal qui dévorera en un clin de retour de flamme ta grâce de la Sainte-Claire[3].

Dans les lieux d'ivresse, la bourrasque[4] de palmes et de vin noir fait rage. Les figures dentelées du jugement d'hier conservent aux journées leurs heures entrouvertes. Es-tu sûre, héroïne aux sens de phare, d'avoir vaincu la miséricorde[5] et l'ombre, ces deux sœurs lavandières[6], prenons-les à la gorge[7], elles ne sont pas jolies et pour ce que nous voulons en faire, le monde se détachera bien assez vite de leur crinière[8] peignant l'encens sur le bord des fontaines.

---

1. Partie d'une bague où l'on fixe la pierre qui y est attachée.

2. Ornements qui reprennent des motifs d'inspiration orientale, souvent en forme de fleur ou de végétaux.

3. Claire d'Assise est une sainte de la théologie chrétienne que l'on célèbre le 11 août, jour de sa mort. Elle était connue pour avoir fait vœu de chasteté et de pauvreté, choisissant le dénuement extrême comme mode de vie.

4. Vent soudain et violent.

5. Capacité à pardonner, en suivant les préceptes des écritures saintes.

6. Religieuses qui faisaient du nettoyage du linge, dans les hospices et les hôpitaux notamment, leur principale activité.

7. Au cou.

8. Chevelure très abondante. Elle désigne normalement le crin de l'animal.

L'hiver sur la prairie apporte des souris.
J'ai rencontré la jeunesse.
Toute nue aux plis de satin bleu,
Elle riait du présent, mon bel esclave.

Les regards dans les rênes[1] du coursier,
Délivrant le bercement des palmes de mon sang,
Je découvre soudain le raisin des façades couchées sur le [soleil,
Fourrure du drapeau des détroits[2] insensibles.

La consolation graine perdue,
Le remords pluie fondue,
La douleur bouche en cœur
Et mes larges mains luttent.

La tête antique du modèle
Rougit devant ma modestie.
Je l'ignore, je la bouscule.
Ô ! lettre aux timbres incendiaires[3]
Qu'un bel espion n'envoya pas !
Il glissa une hache de pierre
Dans la chemise de ses filles,
De ses filles tristes et paresseuses.

1. Courroies de cuir servant à guider les animaux d'un attelage.
2. Passages étroits entre des terres ou des espaces marins.
3. Qui allument des incendies, des feux.

À terre, à terre tout ce qui nage !
À terre, à terre tout ce qui vole !
J'ai besoin des poissons pour porter ma couronne
Autour de mon front,

J'ai besoin des oiseaux pour parler à la foule.

Grandes conspiratrices[1], routes sans destinée, croisant l'x de mes pas hésitants, nattes[2] gonflées de pierres ou de neige, puits légers dans l'espace, rayons de la roue des voyages, routes de brises[3] et d'orages, routes viriles dans les champs humides, routes féminines dans les villes, ficelles d'une toupie folle, l'homme, à vous fréquenter, perd son chemin et cette vertu qui le condamne aux buts. Il dénoue sa présence, il abdique[4] son image et rêve que les étoiles vont se guider sur lui.

1. Personnes qui complotent pour renverser le pouvoir en place.
2. Tissus tressés, entremêlés. L'expression peut aussi désigner, par association, la chevelure féminine, car la description poétique d'Éluard emploie explicitement l'expression de « routes féminines ».
3. Vents légers.
4. Abolit.

LEURS YEUX TOUJOURS PURS

Jours de lenteur, jours de pluie,
Jours de miroirs brisés et d'aiguilles perdues,
Jours de paupières closes à l'horizon des mers,
D'heures toutes semblables, jours de captivité[1],

Mon esprit qui brillait encore sur les feuilles
Et les fleurs, mon esprit est nu comme l'amour,
L'aurore qu'il oublie lui fait baisser la tête
Et contempler son corps obéissant et vain.

Pourtant, j'ai vu les plus beaux yeux du monde,
Dieux d'argent qui tenaient des saphirs[2] dans leurs mains,
De véritables dieux, des oiseaux dans la terre
Et dans l'eau, je les ai vus.

Leurs ailes sont les miennes, rien n'existe
Que leur vol qui secoue ma misère,
Leur vol d'étoile et de lumière
Leur vol de terre, leur vol de pierre
Sur les flots de leurs ailes,

Ma pensée soutenue par la vie et la mort.

---

1. Enfermement, emprisonnement.
2. Pierres précieuses de couleur bleue.

MAX ERNST[1]

Dévoré par les plumes et soumis à la mer,
Il a laissé passer son ombre dans le vol
Des oiseaux de la liberté.
Il a laissé
La rampe à ceux qui tombent sous la pluie,
Il a laissé leur toit à tous ceux qui se vérifient.

Son corps était en ordre,
Le corps des autres est venu disperser
Cette ordonnance qu'il tenait
De la première empreinte de son sang sur terre.

Ses yeux sont dans un mur
Et son visage est leur lourde parure.
Un mensonge de plus du jour,
Une nuit de plus, il n'y a plus d'aveugles.

1. Voir la note 1 page 14.

UNE

Je suis tombé de ma fureur, la fatigue me défigure, mais je vous aperçois encore, femmes bruyantes, étoiles muettes, je vous apercevrai toujours, folie.

Et toi, le sang des astres coule en toi, leur lumière te soutient. Sur les fleurs, tu te dresses avec les fleurs, sur les pierres avec les pierres.

Blanche éteinte des souvenirs, étalée, étoilée, rayonnante de tes larmes qui fuient. Je suis perdu.

Paul Éluard

LE PLUS JEUNE

Au plafond de la libellule
Un enfant fou s'est pendu,
Fixement regarde l'herbe,
Confiant lève les yeux :
Le brouillard léger se lèche comme un chat
Qui se dépouille de ses rêves.
L'enfant sait que le monde commence à peine :
Tout est transparent,
C'est la lune qui est au centre de la terre,
C'est la verdure qui couvre le ciel
Et c'est dans les yeux de l'enfant,
Dans ses yeux sombres et profonds
Comme les nuits blanches
Que naît la lumière.

AU HASARD

Au hasard une épopée, mais bien finie maintenant,
Tous les actes sont prisonniers
D'esclaves à barbe d'ancêtre
Et les paroles coutumières
Ne valent que dans leur mémoire.

Au hasard tout ce qui brûle, tout ce qui ronge,
Tout ce qui use, tout ce qui mord, tout ce qui tue,
Mais ce qui brille tous les jours
C'est l'accord de l'homme et de l'or,
C'est un regard lié à la terre.

Au hasard une délivrance,
Au hasard l'étoile filante
Et l'éternel ciel de ma tête
S'ouvre plus large à son soleil,
À l'éternité du hasard.

L'absolue nécessité, l'absolu désir, découdre tous ces habits, le plomb de la verdure qui dort sous la feuillée[1] avec un tapis rouge dans les cheveux d'ordre et de brûlures semant la pâleur, l'azurine de teinte[2] de la poudre d'or du chercheur de noir au fond du rideau dur et renâclant[3] l'humide désertion[4], poussant le verre ardent, hachure[5] dépendant de l'éternité délirante du pauvre, la machine se disperse et retrouve la ronde armature[6] des rousses au désir de sucre rouge.

Le fleuve se détend, passe avec adresse dans le soleil, regarde la nuit, la trouve belle et à son goût, passe son bras sous le sien et redouble de brutalité, la douceur étant la conjonction[7] d'un œil fermé avec un œil ouvert ou du dédain[8] avec l'enthousiasme, du refus avec la confiance et de la haine avec l'amour, voyez quand même la barrière de cristal que l'homme a fermée devant l'homme, il restera pris par les rubans de sa crinière de troupeaux, de foules, de processions[9], d'incendies, de semailles, de voyages, de réflexions, d'épopées, de chaînes, de vêtements jetés, de virginités arrachées, de batailles, de triomphes passés ou futurs, de liquides, de satisfactions, de rancunes, d'enfants abandonnés, de souvenirs, d'espoirs, de familles, de races,

---

1. Espace garni de feuilles.
2. Teintes d'un bleu très pâle.
3. Rechignant à faire quelque chose.
4. Abandon.
5. Trait vertical assez franc qui modèle un objet ou une forme.
6. Différents éléments qui servent de support à une structure ou à une forme.
7. Rencontre.
8. Mépris.
9. Défilés religieux qui réunissent traditionnellement des prêtres et des fidèles à l'occasion de célébrations. Par extension, le terme désigne une longue assemblée de personnes qui défilent.

d'armées, de miroirs, d'enfants de chœur, de chemins de croix[1], de chemins de fer, de traces, d'appels, de cadavres, de larcins[2], de pétrifications[3], de parfums, de promesses, de pitié, de vengeances, de délivrances – dis-je – de délivrances comme au son des clairons[4] ordonnant au cerveau de ne plus se laisser distraire par les masques successifs et féminins d'un hasard d'occasion, aux prunelles des haies, la cavalcade[5] sanglante et plus douce au cœur de l'homme averti de la paix que la couronne des rêves insouciante des ruines du sommeil.

1. L'expression est une référence religieuse au chemin que le Christ a dû parcourir avant sa crucifixion. Il désigne, par extension, un chemin difficile et douloureux, semé d'embûches et d'humiliations.
2. Vols sans grande ampleur.
3. Durcissements, transformations progressives en pierre.
4. Petites trompettes qui servaient à sonner le rappel dans les régiments d'infanterie.
5. Chevauchée.

ENTRE PEU D'AUTRES

À Philippe Soupault[1].

Ses yeux ont tout un ciel de larmes.
Ni ses paupières, ni ses mains
Ne sont une nuit suffisante
Pour que sa douleur s'y cache.

Il ira demander
Au Conseil des Visages
S'il est encore capable
De chasser sa jeunesse

Et d'être dans la plaine
Le pilote du vent.
C'est une affaire d'expérience :
Il prend sa vie par le milieu.

Seuls, les plateaux de la balance…

1. Écrivain français (1897-1990), l'un des membres les plus actifs du mouvement Dada, mais également l'un des fondateurs du surréalisme français aux côtés d'André Breton.

Revenir dans une ville de velours et de porcelaine[1], les fenêtres seront des vases où les fleurs, qui auront quitté la terre, montreront la lumière telle qu'elle est.

Voir le silence, lui donner un baiser sur les lèvres et les toits de la ville seront de beaux oiseaux mélancoliques, aux ailes décharnées.

Ne plus aimer que la douceur et l'immobilité à l'œil de plâtre, au front de nacre[2], à l'œil absent, au front vivant, aux mains qui, sans se fermer, gardent tout sur leurs balances, les plus justes du monde, invariables, toujours exactes.

Le cœur de l'homme ne rougira plus, il ne se perdra plus, je reviens de moi-même, de toute éternité.

---

1. Matière nacrée tirée du coquillage de certains mollusques, réputée pour sa finesse.
2. Matière blanche, aux reflets laiteux, extraite de coquillages.

GEORGES BRAQUE[1]

Un oiseau s'envole,
Il rejette les nues comme un voile inutile,
Il n'a jamais craint la lumière,
Enfermé dans son vol,
Il n'a jamais eu d'ombre.

Coquilles des moissons[2] brisées par le soleil.
Toutes les feuilles dans les bois disent oui,
Elles ne savent dire que oui,
Toute question, toute réponse
Et la rosée coule au fond de ce oui.

Un homme aux yeux légers décrit le ciel d'amour.
Il en rassemble les merveilles
Comme des feuilles dans un bois,
Comme des oiseaux dans leurs ailes
Et des hommes dans le sommeil.

1. Peintre et sculpteur français (1882-1963) qui a joué un rôle essentiel dans le mouvement cubiste, après avoir longtemps exploré la peinture fauviste et impressionniste.
2. Récolte des blés qui a lieu une fois dans l'année.

Dans la brume où des verres d'eau s'entrechoquent, où les serpents cherchent du lait, un monument de laine et de soie disparaît. C'est là que, la nuit dernière, apportant leur faiblesse, toutes les femmes entrèrent. Le monde n'était pas fait pour leurs promenades incessantes, pour leur démarche languissante[1], pour leur recherche de l'amour. Grand pays de bronze de la belle époque[2], par tes chemins en pente douce, l'inquiétude a déserté.

Il faudra se passer des gestes plus doux que l'odeur, des yeux plus clairs que la puissance, il y aura des cris, des pleurs, des jurons[3] et des grincements de dents.

Les hommes qui se coucheront ne seront plus désormais que les pères de l'oubli. À leurs pieds le désespoir aura la belle allure des victoires sans lendemain, des auréoles sous le beau ciel bleu dont nous étions parés.

Un jour, ils en seront las, un jour ils seront en colère, aiguilles de feu, masques de poix[4] et de moutarde, et la femme se lèvera, avec des mains dangereuses, avec des yeux de perdition[5], avec un corps dévasté, rayonnant à toute heure.

Et le soleil refleurira, comme le mimosa[6].

---

1. Qui est diminuée par la maladie ou la souffrance.
2. La Belle Époque désigne la période qui s'étend de la fin du XIXe siècle au début de la Première Guerre mondiale. C'est une période de prospérité économique et de bouillonnement social et culturel. Paul Éluard évoque ici cet âge d'or perdu (il joue d'ailleurs sur l'expression « âge de bronze » qui désigne une période de la Préhistoire) du fait des désillusions brutales de la guerre.
3. Insultes, quolibets.
4. Matière résineuse et visqueuse qui servait à colmater des matières ou à les rendre étanches.
5. Fait de se perdre, de s'oublier.
6. Arbrisseau dont les fleurs se composent de petites boules d'un jaune éclatant.

LES NOMS : CHÉRI-BIBI[1], GASTON LEROUX[2]

Il a dû bien souffrir avec ces oiseaux ! Il a pris le goût des animaux, faudra-t-il le manger ? Mais il gagne son temps et roule vers le paradis. C'est Bouche-de-cœur qui tient la roue et non Chéri-bibi. On le nomme aussi Maman, par erreur.

LA NUIT

Caresse l'horizon de la nuit, cherche le cœur de jais[3] que l'aube recouvre de chair. Il mettrait dans tes yeux des pensées innocentes, des flammes, des ailes et des verdures que le soleil n'inventa pas.

Ce n'est pas la nuit qui te manque, mais sa puissance.

1. Chéri-Bibi est le héros d'une série de romans d'aventure, dont les surréalistes, Paul Éluard en tête, étaient de grands lecteurs. Cette référence est de nouveau une marque d'attachement du poète à la culture populaire.

2. Gaston Leroux (1868-1927) est un auteur de romans policiers très populaires au début du XXe siècle (*Le Mystère de la chambre jaune ; La Parfum de la dame en noir*).

3. Pierre d'un noir intense. Par extension, l'expression « noir de jais » désigne une couleur extrêmement sombre.

ARP[1]

Tourne sans reflets aux courbes sans sourires des ombres à moustaches[2], enregistre les murmures de la vitesse, la terreur minuscule, cherche sous des cendres froides les plus petits oiseaux, ceux qui ne ferment jamais leurs ailes, résiste au vent.

JOAN MIRÓ[3]

Soleil de proie prisonnier de ma tête,
Enlève la colline, enlève la forêt.
Le ciel est plus beau que jamais.
Les libellules des raisins
Lui donnent des formes précises
Que je dissipe d'un geste.

Nuages du premier jour,
Nuages insensibles et que rien n'autorise,
Leurs graines brûlent
Dans les feux de paille[4] de mes regards.

À la fin, pour se couvrir d'une aube
Il faudra que le ciel soit aussi pur que la nuit.

---

1. Hans Arp (1886-1966), artiste allemand qui a fondé le mouvement Dada.
2. Référence aux nombreuses moustaches qui apparaissent dans les œuvres d'Hans Arp.
3. Artiste catalan (1893-1983) apprécié par les surréalistes.
4. Phénomène ou chose qui démarre très vite et intensément mais qui ne dure pas.

JOUR DE TOUT

Empanaché[1] plat, compagnie et compagnie a la parole facile, tout à dire. Peur plus tiède que le soleil. Il est pâle et sans défauts. Compagnie et compagnie s'est habitué à la lumière.

Est-ce avoir l'air musicien que d'avoir l'air des villes ? Il parle, roses des mots ignorés de la plume.

Et je me dresse devant lui comme le mât d'une tente, et je suis au sommet du mât, colombe[2].

---

1. Recouvert de plumes. Par extension, le terme désigne une forme de prétention ou de suffisance.

2. Plaçant le « je » poétique au sommet d'un « mât », Paul Éluard fait de nouveau référence à l'épisode biblique du Déluge. Pour s'assurer que la Terre est de nouveau habitable, Noé libère en effet une colombe qui lui revient ensuite avec un rameau d'olivier.

L'image d'homme, au-dehors du souterrain, resplendit. Des plaines de plomb semblent lui offrir l'assurance qu'elle ne sera plus renversée, mais ce n'est que pour la replonger dans cette grande tristesse qui la dessine. La force d'autrefois, oui la force d'autrefois se suffisait à elle-même. Tout secours est inutile, elle périra par extinction, mort douce et calme.

Elle entre dans les bois épais, dont la silencieuse solitude jette l'âme dans une mer où les vagues sont des lustres[1] et des miroirs. La belle étoile de feuilles blanches qui, sur un plan plus éloigné, semble la reine des couleurs, contraste avec la substance des regards, appuyés sur les troncs de l'incalculable impéritie[2] des végétaux bien accordés.

Au-dehors du souterrain, l'image d'homme manie cinq sabres ravageurs. Elle a déjà creusé la masure[3] où s'abrite le règne noir des amateurs de mendicité[4], de bassesse et de prostitution. Sur le plus grand vaisseau qui déplace la mer, l'image d'homme s'embarque et conte aux matelots revenant des naufrages une histoire de brigands : « À cinq ans, sa mère lui confia un trésor. Qu'en faire ? Sinon de l'amadouer. Elle rompit de ses bras d'enfer la caisse de verre où dorment les pauvres merveilles des hommes. Les merveilles la suivirent. L'œillet de poète[5] sacrifia les cieux pour une chevelure blonde. Le caméléon s'attarda dans une clairière pour y construire un minuscule palais de

1. Des reliefs éclatants, lumineux.
2. Manque d'aptitude, de capacité.
3. Petite maison pauvre, délabrée.
4. Fait de mendier, de solliciter de l'aide pour subvenir à ses besoins.
5. Fleur très colorée. Paul Éluard joue ici de la proximité sonore entre ce terme botanique et l'expression « œil du poète », qui peut renvoyer au regard que l'artiste jette sur le monde.

fraises et d'araignées, les pyramides d'Égypte faisaient rire les passants, car elles ne savaient pas que la pluie désaltère la terre. Enfin, le papillon d'orange[1] secoua ses pépins sur les paupières des enfants qui crurent sentir passer le marchand de sable[2]. »

L'image d'homme rêve, mais plus rien n'est accroché à ses rêves que la nuit sans rivale. Alors, pour rappeler les matelots à l'apparence de quelque raison, quelqu'un qu'on avait cru ivre prononce lentement cette phrase :

« Le bien et le mal doivent leur origine à l'abus de quelques erreurs. »

---

1. Espèce de papillon dont les ailes, d'un orange vif, sont cerclées de motifs noirs.
2. Personnage du folklore et de l'univers du conte qui était supposé endormir les enfants en laissant tomber du sable sur leurs yeux.

LE MIROIR D'UN MOMENT

Il dissipe le jour,
Il montre aux hommes les images déliées[1] de l'apparence,
Il enlève aux hommes la possibilité de se distraire.
Il est dur comme la pierre,
La pierre informe,
La pierre du mouvement et de la vue,
Et son éclat est tel que toutes les armures, tous les masques
[en sont faussés.
Ce que la main a pris dédaigne même de prendre la forme
[de la main,
Ce qui a été compris n'existe plus,
L'oiseau s'est confondu avec le vent,
Le ciel avec sa vérité,
L'homme avec sa réalité.

1. Images d'une grande netteté.

Paul Éluard

Ta chevelure d'oranges[1] dans le vide du monde
Dans le vide des vitres lourdes de silence
Et d'ombre où mes mains nues cherchent tous tes reflets.

La forme de ton cœur est chimérique[2]
Et ton amour ressemble à mon désir perdu.
Ô soupirs d'ambre, rêves, regards.

Mais tu n'as pas toujours été avec moi. Ma mémoire
Est encore obscurcie de t'avoir vu venir
Et partir. Le temps se sert de mots comme l'amour.

---

1. Cette métaphore évoque la comparaison célèbre employée par Paul Éluard dans le septième poème de son recueil *L'Amour la poésie* en 1929 : « La terre est bleue comme une orange / Jamais une erreur les mots ne mentent pas / Ils ne vous donnent plus à chanter / Au tour des baisers de s'entendre. »
2. Irréelle, utopique.

Les lumières dictées à la lumière constante et pauvre passent avec moi toutes les écluses[1] de la vie. Je reconnais les femmes à fleur de leurs cheveux, de leur poitrine et de leurs mains. Elles ont oublié le printemps, elles pâlissent à perte d'haleine[2].

Et toi, tu te dissimulais comme une épée dans la déroute[3], tu t'immobilisais, orgueil, sur le large visage de quelque déesse méprisante et masquée. Toute brillante d'amour, tu fascinais l'univers ignorant.

Je t'ai saisie et depuis, ivre de larmes, je baise partout pour toi l'espace abandonné.

1. Constructions servant à retenir les eaux d'un canal ou d'une rivière.
2. À en perdre le souffle.
3. Défaite.

Ta bouche aux lèvres d'or n'est pas en moi pour rire
Et tes mots d'auréole ont un sens si parfait
Que dans mes nuits d'années, de jeunesse et de mort
J'entends vibrer ta voix dans tous les bruits du monde.

Dans cette aube de soie où végète[1] le froid
La luxure en péril regrette le sommeil,
Dans les mains du soleil tous les corps qui s'éveillent
Grelottent[2] à l'idée de retrouver leur cœur.

Souvenirs de bois vert, brouillard où je m'enfonce
J'ai refermé les yeux sur moi, je suis à toi,
Toute ma vie t'écoute et je ne peux détruire
Les terribles loisirs[3] que ton amour me crée.

---

1. Le verbe a un sens double : il peut désigner une végétation qui s'épanouit, qui grandit, mais également un ralentissement, une perte de vitalité quand il désigne un être humain. Paul Éluard joue sur la polysémie du verbe, car le froid semble intense, mais il cause dans le même temps une sorte de paralysie du vivant dans le poème.

2. Tremblent sous l'effet du froid.

3. Divertissements, occupations.

Elle est – mais elle n'est qu'à minuit quand tous les oiseaux blancs ont refermé leurs ailes sur l'ignorance des ténèbres, quand la sœur des myriades[1] de perles a caché ses deux mains dans sa chevelure morte, quand le triomphateur[2] se plaît à sangloter, las de ses dévotions[3] à la curiosité, mâle et brillante armure de luxure. Elle est si douce qu'elle a transformé mon cœur. J'avais peur des grandes ombres qui tissent les tapis du jeu et les toilettes, j'avais peur des contorsions[4] du soleil le soir, des incassables branches qui purifient les fenêtres de tous les confessionnaux[5] où des femmes endormies nous attendent.

Ô buste[6] de mémoire, erreur de forme, lignes absentes, flamme éteinte dans mes yeux clos, je suis devant ta grâce comme un enfant dans l'eau, comme un bouquet dans un grand bois. Nocturne, l'univers se meut[7] dans ta chaleur et les villes d'hier ont des gestes de rue plus délicats que l'aubépine[8], plus saisissants que l'heure. La terre au loin se brise en sourires immobiles, le ciel enveloppe la vie – un nouvel astre de l'amour se lève de partout – fini, il n'y a plus de preuves de la nuit.

---

1. Nombreuses.
2. Général romain ayant obtenu une brillante victoire militaire ; par extension, le terme désigne une personne qui remporte une victoire éclatante.
3. Pratiques qui montrent un attachement très grand à la religion et au culte.
4. Mouvements extrêmes du corps, tortueux et désarticulés.
5. Isoloirs où les fidèles se livrent à une confession dans une église.
6. Sculpture qui représente la tête ou le torse d'un modèle.
7. Se déplace, s'anime.
8. Plante épineuse, mais dont les fleurs, roses ou blanches, exhalent un parfum très doux.

LE GRAND JOUR

Viens, monte. Bientôt les plumes les plus légères, scaphandrier[1] de l'air, te tiendront par le cou.

La terre ne porte que le nécessaire et tes oiseaux de belle espèce, sourire. Aux lieux de ta tristesse, comme une ombre derrière l'amour, le paysage couvre tout.

Viens vite, cours. Et ton corps va plus vite que tes pensées, mais rien, entends-tu ? rien, ne peut te dépasser.

1. Plongeur des grands fonds qui est équipé d'une combinaison étanche lui permettant de respirer sous l'eau.

La courbe de tes yeux fait le tour de mon cœur,
Un rond de danse et de douceur,
Auréole du temps, berceau nocturne et sûr,
Et si je ne sais plus tout ce que j'ai vécu
C'est que tes yeux ne m'ont pas toujours vu.

Feuilles de jour et mousse de rosée,
Roseaux du vent, sourires parfumés,
Ailes couvrant le monde de lumière,
Bateaux chargés du ciel et de la mer,
Chasseurs des bruits et sources des couleurs

Parfums éclos d'une couvée[1] d'aurores
Qui gît toujours sur la paille des astres,
Comme le jour dépend de l'innocence
Le monde entier dépend de tes yeux purs
Et tout mon sang coule dans leurs regards.

---

1. Ensemble des enfants d'une même famille. Le terme renvoie ici aux parfums qui naissent du surgissement de l'aurore.

CELLE DE TOUJOURS, TOUTE

Si je vous dis : « j'ai tout abandonné »
C'est qu'elle n'est pas celle de mon corps,
Je ne m'en suis jamais vanté,
Ce n'est pas vrai
Et la brume de fond où je me meus
Ne sait jamais si j'ai passé.

L'éventail de sa bouche, le reflet de ses yeux,
Je suis le seul à en parler,
Je suis le seul qui soit cerné[1]
Par ce miroir si nul où l'air circule à travers moi
Et l'air a un visage, un visage aimé,
Un visage aimant, ton visage,
À toi qui n'as pas de nom et que les autres ignorent,
La mer te dit : sur moi, le ciel te dit : sur moi,
Les astres te devinent, les nuages t'imaginent
Et le sang répandu aux meilleurs moments,
Le sang de la générosité
Te porte avec délices[2].
Je chante la grande joie de te chanter,
La grande joie de t'avoir ou de ne pas t'avoir,
La candeur de t'attendre, l'innocence de te connaître,
Ô toi qui supprimes l'oubli, l'espoir et l'ignorance,

1. Encerclé, pris au piège.
2. Plaisirs intenses.

Qui supprimes l'absence et qui me mets au monde,
Je chante pour chanter, je t'aime pour chanter
Le mystère où l'amour me crée et se délivre.

Tu es pure, tu es encore plus pure que moi-même.

Lire

1 Comment interprétez-vous le choix du titre « Répétitions » ?

2 P. 14 : comparez le poème avec le tableau *L'Éléphant de Célèbes* (1921), p. IV du cahier iconographique. Comment le poème parvient-il à rendre compte de cette inspiration picturale ?

3 Relevez dans cette section tous les poèmes qui se répondent ou qui portent le même titre. Comment interprétez-vous ce jeu d'insistance ?

4 P. 29 : quels sont les points communs entre les deux poèmes ?

5 Dans cette section, relevez trois poèmes sur la thématique de la parole. Montrez comment ils explorent, par leurs images et leurs thématiques, une dimension différente de l'art du langage.

6 Dans « La rivière » (p. 20), « L'ombre aux soupirs » (p. 21) et « Limite » (p. 24), relevez un vers qui montre l'importance de l'élément marin. Quelle place ou quelle symbolique semble lui donner Éluard ?

7 Quelle figure de style trouve-t-on dans la première strophe de « Suite » (p. 15) ? En quoi permet-elle de donner au poème une forme évocatrice au regard du titre qu'Éluard lui donne ?

8 Quel type de vers l'auteur utilise-t-il dans la majorité des poèmes de la section ? Pourquoi ce choix peut-il être interprété comme une quête de liberté vis-à-vis de la poésie traditionnelle (voir l'encadré « À savoir » p. 123) ?

9 Relevez trois poèmes où le verbe « dormir » ou le terme « sommeil » apparaissent. À partir de l'extrait du *Manifeste du surréalisme* (1924) d'André Breton (p. 132), montrez en quoi Éluard est proche des surréalistes.

Étude de la langue

10 Les dadaïstes et les surréalistes aiment jouer sur les expressions figées. P. 24 : montrez comment l'expression « nous irons ramer dans le cou des eaux » souligne ce rapport au langage.

11 P. 17 : à l'aide de l'avant-dernière strophe, montrez comment la figure de l'énumération est une manière pour Éluard de montrer la vacuité des mots.

Écrire

12 À partir d'une expression figée et imagée (ex. : « donner sa langue au chat »), écrivez un poème d'une dizaine de vers libres qui montre que le sens initial d'une expression peut être totalement réinventé au gré des mots. Inspirez-vous du poème « La mort dans la conversation » (p. 33).

13 Dans la perspective d'une préparation à la dissertation, relevez cinq citations de poèmes pour chaque thématique suivante : le langage, le sommeil, la fuite du temps, la vision, les saisons.

Chercher

14 Reconstituez la chronologie du trio amoureux d'Éluard, Ernst et Gala, puis montrez comment cette expérience a influencé la vision de l'amour qui se dégage de cette section du recueil.

15 Proposez un rapprochement entre l'une des œuvres surréalistes du cahier iconographique et l'un des poèmes de la section.

Oral

16 Lisez à voix haute « Raison de plus » (p. 34) en respectant les différents enjambements (vers 5 et 6 ; vers 15 et 16) et en marquant des pauses expressives selon la ponctuation.

17 Au cours d'un exposé de cinq minutes, en vous aidant de la question 9 et de l'encadré « À savoir » p. 125, expliquez en quoi le motif du rêve permet de proposer un parcours cohérent dans cette partie du recueil.

À SAVOIR

LE LYRISME

Le lyrisme désigne à l'origine les **formes anciennes de poésie chantée**. Depuis l'Antiquité, la poésie prolonge cet héritage autour de genres précis et de formes fixes ou traditionnelles. Le romantisme, au XIXe siècle, remet au goût du jour les thématiques de l'expression des sentiments personnels, l'idéalisation de l'amour et les douleurs qui l'accompagnent, mais aussi la **quête de musicalité et d'harmonie dans la forme**. La poésie va se détacher peu à peu de ces carcans. Le lyrisme désigne ainsi, en poésie, **l'expression de toute subjectivité ou émotion personnelle**. Les poèmes de *Capitale de la douleur* naviguent entre tradition et modernité. Le titre du recueil annonce ainsi la **place centrale occupée par le drame personnel et amoureux**. La muse, incarnée par Gala, est célébrée ou déplorée, autour de formes parfois traditionnelles. On trouve des poèmes qui s'apparentent au **sonnet** (« Poèmes »), à **l'élégie** (« Absences II ») ou qui reprennent les mètres privilégiés par la poésie française : l'alexandrin, le décasyllabe ou l'octosyllabe. Mais, en parallèle, Éluard désarticule le mètre au profit du **vers libre** (« Ne plus partager »), multiplie les **récits de rêves** et les **poèmes en prose** (« L'icône aérée ») et détourne le rondeau ou la ballade au profit de la comptine (« Dans la danse »).

Lire

1 Comment interprétez-vous le choix du titre « Mourir de ne pas mourir » ?

2 Décrivez la forme (rimes, type de vers) de « L'égalité des sexes » (p. 44). En quoi est-elle proche des règles de la poésie traditionnelle ? Comment expliquez-vous ce choix au regard du thème abordé ?

3 À l'inverse, quel point commun formel rapproche « Pour se prendre au piège » (p. 48) et « Dans le cylindre des tribulations » (p. 58) ?

4 Citez deux poèmes de la section qui pourraient relever du récit de rêve, et pointez les images et les comparaisons pour justifier votre réponse.

5 Relevez quatre apparitions d'oiseaux dans quatre poèmes différents de cette section. Pourquoi cet animal, dans sa symbolique, semble-t-il tant fasciner le poète ?

6 Rapprochez le tableau *Oiseaux en péril*, de Max Ernst, de l'un des poèmes de cette section. Justifiez ce rapprochement par des comparaisons entre le texte et l'image.

7 En quoi « La bénédiction » (p. 60) et « La malédiction » (p. 61) mettent-ils en avant deux états opposés voire contradictoires de la figure du poète ?

8 P. 62 : montrez comment l'usage du « nous » est une manière d'imiter la langue du texte biblique.

9 Comment interprétez-vous l'injonction « Dormons, mes frères. Le chapitre inexplicable est devenu incompréhensible » (l. 14-15, p. 62) ? En quoi ces lignes peuvent-elles porter une vision désespérée de la condition humaine ?

10 Dans « Au cœur de mon amour » (p. 45-47) ou « L'amoureuse » (p. 49), montrez par quelles expressions et images le poète propose une vision pessimiste de l'amour.

11 Montrez le décalage qui existe entre le titre de « Mascha riait aux anges » (p. 67) et l'atmosphère développée ensuite dans le poème. Citez deux autres poèmes de la section où ce jeu de décalage est frappant.

Étude de la langue

12 Relevez les assonances et les allitérations dans la première strophe de « Sans rancune » (p. 63). En quoi ce souci des sonorités vient-il compenser l'absence de rimes ?

13 P. 63, v. 5-6 : retrouvez dans ces vers les différentes expressions figées qu'Éluard s'amuse à transformer.

Écrire

14 En vous inspirant du titre « Pour se prendre au piège » (p. 48), écrivez un bref récit de rêve en prose basé sur l'un de vos rêves.

15 Réalisez un calligramme (poème dont les mots sont disposés de sorte à former un dessin) autour de la thématique de l'oiseau.

Chercher

16 Rappelez ce qu'est le lyrisme. Votre définition vous semble-t-elle coïncider avec le ton employé par Éluard dans cette section ?

17 Nombre de surréalistes, très intrigués par la religion, se sont pourtant revendiqués du mysticisme. Cherchez la définition de ce mot et montrez en quoi elle peut permettre d'aider à comprendre la dimension énigmatique de certains poèmes dans « Mourir de ne pas mourir ».

Oral

18 Choisissez un poème de la section qui suscite chez vous une émotion forte, et expliquez sur quoi repose ce sentiment.

À SAVOIR

LE RÊVE CHEZ LES SURRÉALISTES

Dans la lignée des **découvertes sur l'inconscient de Freud**, les surréalistes s'intéressent particulièrement à la question du rêve. Dès 1922, la revue *Littérature* publie des **récits de rêve**. Ces textes répondent à leur désir d'abolir la frontière entre la réalité et d'autres formes de perception du monde, en faveur d'un **renouvellement de la création**. Il s'agit pour les surréalistes de s'arracher à l'existence des choses vues, aux liens de causalité ou aux formes figées et vides du langage. Cet attrait se concrétise par les **séances de spiritisme** ou de **sommeil hypnotique** auxquels ils s'adonnent, ou par leur travail sur **l'écriture automatique** qui doit **libérer l'écriture des entraves de la syntaxe.** Cette exploration se retrouve également chez les peintres cubistes et surréalistes, de Picasso (voir cahier iconographique, p. I) à Salvador Dalí.

Paul Éluard ne déroge pas à cette curiosité. Dans *Capitale de la douleur*, il donne une grande place au rêve en tant que thématique mais surtout en tant que **trame formelle** à son écriture, dans « Pour se prendre au piège »,« Dans le cylindre des tribulations » ou encore « L'icône aérée ». Il témoigne de sa participation aux séances de sommeil hypnotique et de leur atmosphère dans « Denise disait aux merveilles ». La **présence importante des modèles picturaux**, particulièrement marquée dans la section « Nouveaux poèmes », ne fait qu'accentuer le sentiment qu'Éluard cherche à repenser le réel en faveur d'associations inédites, quitte à aller puiser son inspiration dans d'autres formes artistiques.

Lire

1 Comment interprétez-vous le choix du titre « Les petits justes » ?

2 D'un point de vue formel, quel aspect vous paraît frappant dans les poèmes de cette section ?

3 Plusieurs commentateurs analysent la progression du recueil, de « Répétitions » à « Les petits justes », comme un parcours poétique vers la sobriété et le silence. En quoi votre lecture vous permet-elle de confirmer cette hypothèse ?

4 La chanson ou la comptine a une influence marquée dans « Les petits justes ». Relevez plusieurs vers dans cette section qui peuvent l'évoquer.

5 Pourquoi le poème II est-il une parfaite illustration du goût d'Éluard pour les « puériles devinettes » ?

6 Décrivez la forme du poème III (longueur des rimes et organisation de la strophe). Sur quel mot la diérèse porte-t-elle ? En quoi ce choix du poète est-il intéressant ?

7 « La nature s'est prise aux filets de ta vie » : expliquez cette image qui débute le poème VII. Quelle image de la femme est mise en avant par le choix de cette métaphore ?

8 L'association de la femme à la nature est un lieu commun de la poésie traditionnelle. En relisant les poèmes VII et VIII, montrez comment Éluard construit une ambiguïté au sein de ses textes entre ces deux figures.

9 Comment interprétez-vous les deux premiers vers du poème VI ? En quoi la reprise du motif de l'oiseau est-elle ici marquée d'inquiétude ?

Étude de la langue

10 Quelle est la figure de style employée dans les vers 2 et 3 du poème VII ? En quoi permet-elle de donner une dimension centrale aux éléments naturels ?

11 P. 71, « Elle a laissé/L'empreinte des choses brisées » : quel nom donne-t-on au phénomène qui explique le passage du premier au second vers ? Quel effet ce choix crée-t-il ?

Écrire

12 En respectant les règles de la poésie traditionnelle, écrivez un sonnet régulier (deux quatrains et deux tercets) en octosyllabe (vers de 8 syllabes) sur le thème de l'absence de l'être aimé.

13 Dans un paragraphe argumenté, en vous appuyant sur des exemples précis tirés des poèmes de cette section, montrez en quoi celle-ci souligne la quête par Éluard d'une poésie dépouillée et chantante.

Chercher

14 Cherchez la définition du terme « haïku », puis montrez en quoi cette forme poétique peut venir qualifier les poèmes de cette section.

15 En quoi la définition du mot « mélancolie » peut-elle venir éclairer la tonalité de cette section ?

16 Faites une recherche sur le roman-collage de Max Ernst, *La Femme 100 têtes* (1929). En quoi cette réalisation peut-elle être mise en parallèle avec le travail d'Éluard dans cette section ?

Oral

17 En respectant les règles de la prosodie (enjambements, ponctuation), lisez à voix haute les poèmes de cette section.

18 Dans un podcast de cinq minutes, présentez cette section. Insérez-y des extraits de lectures et la description d'une œuvre tirée de votre cahier iconographique qui pourrait faire écho à l'esprit d'un des poèmes.

À SAVOIR

L'ÉCRIT DU BACCALAURÉAT : LE COMMENTAIRE COMPOSÉ

Le commentaire composé, l'une des épreuves possibles de l'écrit du baccalauréat, porte sur un texte inconnu. Il se divise en **plusieurs étapes** :
– **l'introduction** : on présente l'auteur du texte, l'œuvre et son genre, et éventuellement le mouvement littéraire auquel on peut le rattacher. On résume ensuite brièvement l'extrait étudié et ses caractéristiques avant d'introduire sa problématique. L'introduction **s'achève par l'annonce du plan** ;
– **plan et développement** : chacune des parties constitue une réponse à la problématique. Cette idée directrice se décline en deux ou trois paragraphes. Le texte étudié doit être impérativement **cité et commenté** ! Un commentaire compte en général **deux ou trois parties**;
– **conclusion** : on répond de façon **claire et synthétique** à la problématique posée en introduction. La conclusion peut s'achever par un **élargissement**, souvent apprécié, qui **replace l'extrait étudié dans un mouvement ou dans un genre**, en soulignant son intérêt ou sa singularité.
Attention : le commentaire repose sur une **étude précise du contenu** d'un texte (il doit être analysé, pas seulement paraphrasé). Il n'est **pas le lieu d'un jugement personnel**, et s'écrit à la deuxième personne du pluriel.

Lire

1 Comment interprétez-vous le choix du titre « Nouveaux poèmes » ?

2 Mettez « Ne plus partager » (p. 74-75), « Absences I » (p. 76) et « Absences II » (p. 77-78) en regard avec « La courbe de tes yeux » (p. 119) et « Celle de toujours, toute » (p. 120-121). En quoi cette section peut-elle s'analyser comme un parcours de renouveau amoureux ?

3 P. 105 : en étudiant les formes verbales et les pronoms personnels, montrez comment Éluard parvient à s'adresser à tout un chacun.

4 Relevez tous les poèmes en prose de cette section. Comment interprétez-vous cette place du poème en prose dans la poésie d'Éluard ?

5 P. 107 : relevez les images et les métaphores qui peuvent évoquer une critique de la guerre et de la violence des êtres humains.

6 P. 86 : montrez ce qui, dans le dernier vers, permet de souligner l'absurdité de la guerre. Citez trois autres poèmes de la section qui portent cette même vision critique.

7 Relevez tous les poèmes qui évoquent directement ou indirectement un peintre dans cette section.

8 Montrez comment Éluard s'inspire ouvertement des caractéristiques esthétiques des œuvres de Pablo Picasso dans les poèmes pages 80 et 81-82.

9 En quoi la première phrase d'« André Masson » (p. 88) vient-elle ressaisir par les mots les spécificités du travail de cet artiste ?

10 En quoi « Les Gertrude Hoffmann Girls » (p. 90) et « Les noms : Chéri-Bibi, Gaston Leroux » (p. 108) laissent-ils une place au Paris populaire de la Belle Époque ?

11 Essayez d'interpréter cette phrase de « L'image d'homme » (p. 111-112) : « L'œillet de poète sacrifia les cieux pour une chevelure blonde » (l. 21-22). En quoi ce poème peut-il être rapproché d'un récit de rêve ?

12 Relevez deux autres titres de poèmes qui, dans cette section, interrogent la question du reflet ou du double. En quoi cette question de l'altérité fait-elle écho au travail des surréalistes ?

Étude de la langue

13 P. 99 : comment les jeux d'allitération et d'assonance dans la première strophe du poème permettent-ils à la phrase de se déplier ?

14 Recomposez l'ordre syntaxique attendu du vers suivant : « Blanche étreinte des souvenirs, étalée, étoilée, rayonnante de tes larmes qui fuient » (vers 7-8, p. 99). Comment Éluard parvient-il à créer des images étonnantes ou inattendues en distordant la phrase ?

Écrire

15 « Je crois à la résolution future de ces deux états, en apparence si contradictoires, que sont le rêve et la réalité, en une sorte de réalité absolue, de surréalité, si l'on peut ainsi dire » : dans une dissertation, montrez en quoi cette phrase d'André Breton dans *Le Manifeste du surréalisme* (1924) peut éclairer votre lecture de ce recueil.

Chercher

16 Lisez « La chevelure » et « Le vin des amants » dans *Les Fleurs du mal* (1857), de Baudelaire, puis comparez-les avec les poèmes des pages 87 et 114.

17 Cherchez la définition du terme de « blason » en poésie. Montrez en quoi « La courbe de tes yeux » (p. 119) peut être interprété comme tel.

Oral

18 Une personne vous affirme que la poésie ne peut s'apprécier que si on peut en avoir une compréhension immédiate. Dans un exposé de cinq minutes, essayez de démentir ce point de vue en vous basant sur votre lecture et votre connaissance d'Éluard.

À SAVOIR

L'ÉCRIT DU BACCALAURÉAT : LA DISSERTATION

La dissertation vise à évaluer votre capacité à analyser une citation d'auteur ou un point de vue. Cette épreuve du baccalauréat se divise en plusieurs étapes :

– **l'introduction** : elle se centre sur une analyse précise de la citation ou du point de vue tout en reprenant les mêmes étapes que celles du commentaire (voir l'encadré « À savoir », p. 127) ;

– **plan et développement** : ils s'organisent comme ceux d'un commentaire : ici, les arguments que développe chaque sous-partie doivent être **mis en lien avec l'œuvre intégrale** au programme. Chaque partie se construit autour d'**idées directrices, illustrées par des exemples** (leur provenance doit être clairement indiquée). La première partie du plan explique et développe le point de vue du sujet ; la seconde le conteste en explorant certaines de ses limites ; la dernière (facultative) propose une opinion décalée qui revient à aborder autrement le problème posé ;

– **conclusion** : elle reprend de manière synthétique votre **parcours de pensée**, et peut s'ouvrir sur une autre question, en lien avec le parcours étudié en classe.

Lire

1 Décrivez la forme de ce poème (longueur des vers, présence ou absence de rimes, longueur des strophes). En quoi ces choix renouvellent-ils les conventions de la poésie traditionnelle ?

2 Analysez l'évolution de l'énonciation entre le « je », le « tu » et le « vous » du début à la fin du poème. En quoi la voix du poète tend-elle vers l'intime au fur et à mesure que le texte avance ?

3 P. 120, l. 1 : en quoi le surgissement du discours direct permet-il d'impliquer le lecteur dans l'émotion que cherche à susciter le poème ?

4 À qui ce poème semble-t-il s'adresser ? Quels indices peuvent permettre d'étayer cette hypothèse ?

5 Relevez, dans la deuxième strophe, les termes qui renvoient au champ lexical de la nature. Montrez en quoi les éléments naturels se mettent au service d'une célébration de la femme aimée.

6 P. 120, l. 19 : en quoi ce vers peut-il être considéré comme dépouillé (choix du lexique, construction) ? En quoi le retour du champ lexical du « chant » peut-il donner une dimension lyrique au poème ?

7 Relevez les différentes formes de répétitions dans les trois strophes du poème. En quoi rapprochent-elles le texte d'une chanson construite autour d'un refrain ?

8 L. 22-25 : montrez en quoi la figure féminine évoquée semble divinisée par le « je » poétique. Quelles sont les différentes qualités que le poète lui prête dans ces vers ?

9 Montrez, par une étude précise du lexique, comment la tonalité du texte évolue pour proposer un itinéraire de l'obscurité à la clarté. En quoi ce parcours se retrouve-t-il dans la section « Nouveaux poèmes » ?

10 À l'aide des questions précédentes, expliquez en quoi le titre choisi pour ce texte semble refléter les aspirations poétiques à l'œuvre.

Étude de la langue

11 L. 24 : quelle figure de style est ici employée ? En quoi permet-elle de mettre en place une analogie entre le « chant » et « l'amour » ?

12 L. 26 : analysez la structure comparative de ce vers. En quoi induit-elle une forme de hiérarchie inattendue entre le poète et la femme aimée ?

Écrire

13 Lisez les poèmes des pages 74-75, 76-77, 97, 99, 104, 116 et 119, puis rédigez une petite synthèse montrant les évolutions de la figuration du féminin dans « Nouveaux poèmes ».

14 En vous aidant de l'encadré « À savoir » p. 127, rédigez le commentaire de ce texte autour du projet de lecture suivant : en quoi ce texte aux accents lyriques acte-t-il une réconciliation entre le poète et la femme aimée ? Construisez votre commentaire autour des deux parties suivantes : une divinisation de la femme en harmonie avec la nature ; un lyrisme grandissant qui tend vers l'apaisement et la clarté.

Chercher

15 Lisez le poème de Louis Aragon, « Les yeux d'Elsa » (1942). Mettez ce texte en miroir avec trois autres poèmes du recueil qui donnent la même importance au regard.

Oral

16 Préparez une présentation orale de *Capitale de la douleur*, de cinq minutes environ. Proposez un portrait synthétique de l'œuvre et mettez en avant ce qui vous a particulièrement marqué ou interpellé à sa lecture.

Épreuve orale réussie à écouter !

À SAVOIR

L'ORAL DU BACCALAURÉAT

L'oral du baccalauréat de Français, dans sa deuxième partie, évalue **votre capacité à présenter une œuvre littéraire** de votre choix. Cette présentation donne ensuite lieu à un entretien qui porte sur une œuvre intégrale lue dans l'année ou sur une œuvre en rapport avec le parcours associé. Il vise à jauger votre **bonne connaissance du texte**, mais aussi votre capacité à **défendre un point de vue** de manière claire et argumentée.
Une bonne connaissance de l'œuvre repose d'abord sur la **maîtrise du contexte** qui l'entoure. Faites des recherches sur l'auteur, sur le contexte historique et culturel, sur la création de l'œuvre, et essayez de la présenter de manière synthétique. Voici quelques questions pour préparer votre présentation : avez-vous trouvé la lecture de cette œuvre aisée ? Pourriez-vous lui donner un autre titre, et si oui, lequel ? En quoi cette lecture vous a-t-elle ému ou vous a-t-elle fait réfléchir ? Quel passage/poème vous a le plus marqué ? Cette œuvre vous-a-t-elle fait penser à une autre œuvre d'art ? Laquelle ? Si vous étiez éditeur, quelle couverture auriez-vous choisie pour illustrer cette œuvre ?

GROUPEMENT DE TEXTES

Le surréalisme, une poésie du rêve éveillé

Comprendre la poésie d'Éluard exige de la réinscrire dans l'effervescence littéraire et philosophique des années 1920. C'est autour du mouvement Dada, puis du groupe des surréalistes français, que l'auteur de *Capitale de la douleur* entre pleinement dans le monde de la littérature. Le rêve constitue une clé d'entrée efficace pour comprendre l'esprit surréaliste : cet outre-monde, lieu privilégié de l'inconscient, permet aux poètes de se libérer des contraintes du réel ou de la langue, et d'explorer des territoires imaginaires nouveaux. D'André Breton à Annie Lebrun en passant par Louis Aragon et Frida Kahlo, les surréalistes investissent le rêve pour s'éveiller aux possibles de la poésie : s'il est parfois teinté d'inquiétante étrangeté, proche du cauchemar, il peut aussi permettre de renouer avec la pureté et l'innocence du temps de l'enfance. Les différents extraits proposés dans ce groupement permettent donc de ressaisir ce qui fait du surréalisme, dans sa grande diversité, la quête d'une poésie éveillée.

TEXTE 1

André Breton (1896-1966)

Manifeste du surréalisme, © Pauvert, département de la librairie Arthème Fayard, 1924.

André Breton est la figure de proue du surréalisme français. Dans le *Manifeste du surréalisme*, il donne les contours théoriques du mouvement, en insistant notamment sur la place centrale que le rêve et l'inconscient y occupent.

C'est par le plus grand hasard, en apparence, qu'a été récemment rendue à la lumière une partie du monde intellectuel, et à mon sens de beaucoup la plus importante, dont on affectait de ne plus se soucier. Il faut en rendre grâce aux découvertes de Freud. Sur la foi de ces découvertes, un courant d'opinion se dessine enfin, à la faveur duquel l'explorateur humain pourra pousser plus loin ses investigations, autorisé qu'il sera à ne plus seulement tenir compte des réalités sommaires. L'imagination est peut-être sur le point de reprendre ses droits. [...]

C'est à très juste titre que Freud a fait porter sa critique sur le rêve. Il est inadmissible, en effet, que cette part considérable de l'activité psychique (puisque, au moins de la naissance de l'homme à sa mort, la pensée ne présente aucune solution de continuité, la somme des moments de rêve, au point de vue temps, à ne considérer même que le rêve pur, celui du sommeil, n'est pas inférieure à la somme des moments de réalité, bornons-nous à dire : des moments de veille) ait encore si peu retenu l'attention. L'extrême différence d'importance, de gravité, que présentent pour l'observateur ordinaire les événements de la veille et ceux du sommeil, a toujours été pour m'étonner. C'est que l'homme, quand il cesse de dormir, est avant tout le jouet de sa mémoire, et qu'à l'état normal celle-ci se plaît à lui retracer faiblement les circonstances du rêve, à priver ce dernier de toute conséquence actuelle, et à faire partir le seul *déterminant* du point où il croit, quelques heures plus tôt, l'avoir laissé : cet espoir ferme, ce souci. Il a l'illusion de continuer quelque chose qui en vaut la peine. Le rêve se trouve ainsi ramené à une parenthèse, comme la nuit. Et pas plus qu'elle, en général, il ne porte conseil. [...] Je crois à la résolution future de ces deux états, en apparence si contradictoires, que sont les rêves et les réalités, et une sorte de réalité absolue, de *surréalité*, si l'on peut ainsi dire.

QUESTIONS

1. À qui André Breton attribue-t-il le mérite d'avoir mis au jour une « nouvelle partie du monde intellectuel » ?

2. Quels arguments emploie-t-il pour défendre l'importance du rêve dans notre appréhension du monde ?

3. Comment comprenez-vous l'expression de « *surréalité* » qu'il emploie à la fin de cet extrait ?

TEXTE 2

Louis Aragon (1897-1982)

« Sommeil de plomb », *Le Mouvement perpétuel*, © Éditions Gallimard, 1926.

Proche d'André Breton, le romancier et poète Louis Aragon a été l'un des membres actifs du surréalisme aux côtés d'Éluard notamment. Il s'interroge, dans ce recueil poétique, sur le rôle que le songe doit occuper dans la conquête de nouveaux horizons littéraires.

À Philippe Soupault

Le dormeur éveillé regarde la vie avec des yeux de petit enfant
Dormeur quel nuage obscurcit l'azur de ton front
L'homme secoue une tête plus pesante que l'orage
Il voudrait jouer aux quatre coins mais il ne peut Il est tout seul
La balle du soleil en vain s'offre à lui
En vain les cerceaux des ponts
En vain
Henri IV l'invite à chat perché
Le monde coule à ses pieds et les passants ont toujours le même visage
Les plus pressés paraissent plus jeunes et les plus vieux paressent
À la voir on ne croirait pas la ville en carton ni le soir
Faux comme les prunelles des femmes et des amis les meilleurs
Quel danger je cours Immobile contre le parapet de l'univers
Si j'allais me prendre à ce chromo l'aspect des maisons à huit heures d'été
Vertige le décor devient le visage de la vie
La face de cette fille que j'ai tant aimée
Pour ses mains ses yeux faits et sa stupidité
Comme tu mentais bien paysage de l'amour
Il y avait cette place au creux de ton épaule
Et les frissons qui glissaient comme une eau sur ma figure

Courroux courroux mais tu chantais à voix basse comme la plus innocente
Et tu ne trouvais que des consonnes sourdes
Des sons issus du sang pour nommer les lèvres les caresses
Tout ce qui dansait entre deux corps comme la flamme du désir
Un bourdonnement de mouches sur les fruits signifiait moi-même
Et quand j'étais trop las tu laissais avec à propos pendre un bras mûr
Il peut sans peine sommeiller
Il n'est pas mort Y bouge dans un monde plus mou
Ne me parlez pas de la lumière du soleil
J'attends que renaisse la dame du souvenir
Un grand trou s'est fait dans ma mémoire
Un lac où l'on peut se noyer mais non pas boire
Aucun remords ne t'éveille et tu sens le lit sous tes reins
Jusqu'à ce que ce dernier appui s'affaisse et que tu t'enfonces dans le vide
Au pays souterrain du songe
Alors je retombe en enfance
Les livres sont rouges et dorés sur tranche
Il n'y a qu'un avenir tout simple
Là-bas entre les lianes des forêts bien connues
On fait du feu avec des morceaux de bois sec et la boussole permet de [s'orienter
Pourvu que les porteurs ne se révoltent pas
Pourvu que les dormeurs ne se réveillent pas
Mon corps je t'appelle du nom que les bouches ont perdu depuis la création [du monde
Mon corps mon corps c'est une danse rouge c'est un mausolée un tir aux [pigeons un geyser
Plus jamais je ne tirerai ce jeune homme des bras des forêts. […]

QUESTIONS

1. Quels motifs et champs lexicaux évoquent un endormissement dans la première moitié du poème (v. 1 à 30) ?

2. Quel est le rôle de la figure féminine qui transparaît dans ce texte (v. 15 à 30) ?

3. Quelle image du poète et de la poésie se dégage dans l'effet de clôture qui se joue entre le premier et le dernier vers ?

TEXTE 3

Frida Kahlo (1907-1954)

Frida Kahlo par Frida Kahlo : Lettres 1922-1954, © Éditions Points.

Frida Kahlo est une peintre communiste qui a dominé le paysage du surréalisme mexicain pendant la première moitié du XXe siècle. Sa correspondance, regroupée sur plus de trois décennies, est un rappel de ses talents d'écriture. Dans cette lettre de 1939 adressée à son époux, Diego Rivera, elle transforme son insomnie en cauchemar poétique autour de l'absence de l'être aimé.

Ma nuit est comme un grand cœur qui bat.
Il est trois heures trente du matin.
Ma nuit est sans lune.
Ma nuit a de grands yeux qui regardent fixement une lumière grise filtrer par les fenêtres.
Ma nuit pleure et l'oreiller devient humide et froid.
Ma nuit est longue et longue et longue et semble toujours s'étirer vers une fin incertaine.

Ma nuit me précipite dans ton absence.
Je te cherche, je cherche ton corps immense à côté de moi, ton souffle, ton odeur.
Ma nuit me répond : vide ; ma nuit me donne froid et solitude.
Je cherche un point de contact : ta peau. Où es-tu ? Où es-tu ?
Je me tourne dans tous les sens, l'oreiller humide, ma joue s'y colle, mes cheveux mouillés contre mes tempes.
Ce n'est pas possible que tu ne sois pas là.
Ma tête erre, mes pensées vont, viennent et s'écrasent, mon corps ne peut pas comprendre.
Mon corps te voudrait.
Mon corps, cet aléa mutilé, voudrait un moment s'oublier dans ta chaleur, mon corps appelle quelques heures de sérénité.
Ma nuit est un cœur en serpillière.
Ma nuit sait que j'aimerais te regarder, chaque courbe de ton corps, reconnaître ton visage et le caresser. [...]
Ma nuit ne porte pas conseil.
Ma nuit pense à toi, rêve éveillé.
Ma nuit s'attriste et s'égare.
Ma nuit accentue ma solitude, toutes mes solitudes.
Son silence n'entend que mes voix intérieures.
Ma nuit est longue et longue et longue.
Ma nuit aurait peur que le jour n'apparaisse jamais plus mais à la fois ma nuit craint son apparition, parce que le jour est un jour artificiel où chaque heure compte double et sans toi n'est plus vraiment vécue.
Ma nuit se demande si mon jour ne ressemble pas à ma nuit. Ce qui expliquerait pourquoi je redoute le jour aussi.
Ma nuit a envie de m'habiller et de me pousser dehors pour aller chercher mon homme.
Mais ma nuit sait que ce que l'on nomme folie, de tout ordre, sème désordre, est interdit.

Ma nuit se demande ce qui n'est pas interdit.
Il n'est pas interdit de faire corps avec elle, ça, elle le sait. Mais elle s'offusque de voir une chair faire corps avec elle au fil de la désespérance. Une chair n'est pas faite pour épouser le néant.
Ma nuit t'aime de toute sa profondeur, et de ma profondeur elle résonne aussi.
Ma nuit se nourrit d'échos imaginaires. Elle, elle le peut. Moi. J'échoue.
Ma nuit m'observe. Son regard est lisse et se coule dans chaque chose.
Ma nuit voudrait que tu sois là pour se couler en toi aussi avec tendresse.
Ma nuit t'espère. Mon corps t'attend.
Ma nuit voudrait que tu reposes au creux de mon épaule et que je me repose au creux de la tienne.
Ma nuit voudrait être voyeur de ta jouissance et de la mienne, te voir et me voir trembler de plaisir.
Ma nuit voudrait voir nos regards et avoir nos regards chargés de désir.
Ma nuit voudrait tenir entre ses mains chaque spasme.
Ma nuit se ferait douce.
Ma nuit gémit en silence sa solitude au souvenir de toi.
Ma nuit est linge et longue et longue.
Elle perd la tête mais ne peut éloigner ton image de moi, ne peut engloutir mon désir.
Elle se meurt de ne pas te savoir là et me tue.
Ma nuit te cherche sans cesse.
Mon corps ne parvient pas à concevoir que quelques rues ou une quelconque géographie nous séparent.
Mon corps devient flou de douleur de ne pouvoir reconnaître au milieu de ma nuit ta silhouette ou ton ombre.
Mon corps voudrait t'embrasser dans ton sommeil.

Mon corps voudrait en pleine nuit dormir et dans ces ténèbres être réveillé parce que tu l'embrasserais.
Ma nuit ne connaît pas de rêve plus beau que celui-là.
Ma nuit hurle et déchire ses voiles, ma nuit se cogne à son propre silence, mais ton corps reste introuvable. Tu me manques tant. Et tes mots. Et ta couleur.
Le jour va bientôt se lever.

QUESTIONS

1. Relevez différents éléments formels qui permettent de faire de cette lettre un texte de poésie.

2. Comment Frida Kahlo parvient-elle à associer l'absence de l'être aimé avec une pathologie du corps ?

3. Comment les derniers vers du texte entretiennent-ils une ambiguïté entre le régime du rêve et celui du cauchemar, entre la réalité et l'imaginaire ?

TEXTE 4

Annie Le Brun (née en 1942)

« Chacun de mes masques », ***Ombre pour ombre*****,** © Éditions Gallimard, 2004.

Annie Le Brun est une écrivaine, essayiste et poétesse française qui se revendique du surréalisme. *Ombre pour ombre* regroupe l'ensemble de ses poèmes parus dans différents recueils depuis 1967. Dans cet extrait, la question du rêve rejoint une forme de cruauté.

Chacun de mes masques scintillants se ferme sur la réalité comme la paupière d'un fauve nacré. Vous n'y voyez que du bleu. J'empale votre vertige au fond des marais glauques de la foule crépusculaire dont je m'approprie les balancements hagards. Les gestes déclinent sans doute ainsi que le col des cygnes sur la houille de leur œil stupide. Vous voudriez ne pas vous en souvenir.

Mais en écartant, même très délicatement, les écailles du rêve, ne se heurte-t-on pas toujours à un banc de crocodiles alanguis sur les berges du temps ?

QUESTIONS

1. Quelle comparaison la poétesse introduit-elle dans ce texte entre le « je » et l'animal ?

2. En quoi le rêve est-il placé sous le signe de l'inquiétude et du danger dans ce texte ?

TEXTE 5

Blanca Varela (1926-2009)

Le Livre d'argile, ©Indigo et Côté femmes, 1998.

Blanca Varela est une poétesse péruvienne. Elle a fréquenté André Breton, Albert Camus et Jean-Paul Sartre lors de ses différents séjours à Paris, et s'est ouvertement revendiquée du surréalisme par la suite. Son œuvre poétique se nourrit d'onirisme et célèbre les mystères insondables de la nature.

J'enfonce la main dans le sable et je trouve la vertèbre perdue. Je l'égare aussitôt. Ombre d'ivoire, exsangue. Mon père sourit. De ce côté-ci de la mer l'écume est noire. Elle sent le fauve me dit la petite amie. La mer sent la vie et la mort je lui réponds. Supposons que ce soit vrai.

La santé agrippée à la roche. Pierre sensible à la lumière. Mains et pieds font défaut au chasseur. Il est aveugle et en proie au désir. Et son désir c'est la forêt sous l'eau, peuplée de sexes en fleur ou de maîtresses fleurs qui percent le silence de leurs grands becs rouges et lents.

*

Que dit le corps immobile dans son mouvement ? Il est seul. L'air environnant l'île qui danse est ce qui est autre.

Je dis l'île et je pense : la mer. Je dis la mer et je pense : l'île. Sont-elles une seule et même chose ?

Vide continuel et plénitude sans nom se succèdent.

QUESTIONS

1. Pourquoi ces deux poèmes peuvent-ils être interprétés comme des récits de rêve ?

2. Quel semble être le rôle de la nature dans chacun de ces deux textes ? En quoi cette nature vous semble-t-elle paradoxale ?

INFORMATION / DOCUMENTATION

BIBLIOGRAPHIE

• Paul Éluard

– Michel Murat, *Poèmes pour la paix*, Hazan, 2018 (une trentaine de poèmes d'Éluard illustrés par des dessins de Picasso).
– Paul Éluard, *L'Amour la poésie*, Gallimard, 1929 (ce recueil regroupe d'autres poèmes surréalistes et oniriques d'Éluard, publiés après *Capitale de la douleur*).
– Paul Éluard, *Les Mains libres*, Gallimard, 1947 (dessins de Man Ray illustrés par des textes d'Éluard).
– Paul Éluard, *Lettres à Gala (1924-1948)*, Gallimard, 1984.

• Sur *Capitale de la douleur* et le surréalisme

– Sarane Alexandrian, *Le Surréalisme et le rêve*, Gallimard, 1974.
– Nicole Boulestreau, *La Poésie de Paul Éluard : la rupture et le partage*, Librairie des Méridiens Klincksieck, 1985.
– Pierre Chavot, *L'ABCdaire du surréalisme*, Flammarion, 2001.

• Ouvrages d'autres surréalistes

– André Breton, *Najda*, Gallimard, 1972.
– Louis Aragon, *Le Mouvement perpétuel*, Gallimard, 1926.
– Robert Desnos, *Nouvelles Hébrides et autres textes : 1922-1930*, Gallimard, 1978.
– Michel Leiris, *Nuits sans nuit et quelques jours sans jour*, Gallimard, 1961.
– Annie Le Brun, *Ombre pour ombre*, Gallimard, 2004.
– Joan Miró, *Écrits et entretiens*, Daniel Lelong, 1995.
– Philippe Soupault, *Poèmes et Poésies : 1917-1973*, Grasset, 1973.
– Tristan Tzara, *L'Homme approximatif*, Gallimard, 1968.
– Blanca Varela, *Le Livre d'argile*, Paris, Indigo et Côté femmes, 1998.

PODCASTS

– « Éluard, une poésie d'amour et de combat », 13 juin 2015, France Inter https://www.radiofrance.fr/franceinter/podcasts/ca-peut-pas-faire-de-mal/eluard-une-poesie-d-amour-et-de-combat-3096848
– « Le surréalisme après le surréalisme », dix épisodes, 17 avril 2022, France Culture https://www.radiofrance.fr/franceculture/podcasts/serie-le-surrealisme-apres-le-surrealisme

SITES INTERNET

– Catalogue en ligne et parcours de l'exposition « L'invention du surréalisme : des *Champs magnétiques* à *Nadja* », Bibliothèque nationale de France, août 2021 : https://www.bnf.fr/sites/default/files/2020-10/dp_Invention_surrealisme.pdf

– « Découvrir l'univers de la peinture surréaliste », sur le blog Carré d'artistes, janvier 2021 : https://www.carredartistes.com/fr-fr/blog/decouvrir-lunivers-de-la-peinture-surrealiste

Couverture
Conception graphique : Marie-Astrid Bailly-Maître et Yannick Le Bourg
Recherche iconographique : Geoffroy Mauzé
Photographie : Man Ray, *Les Larmes (larmes de verre)*, 1932 © Man Ray 2015 Trust/Adagp, Paris, 2023 - Cliché : Telimage/Adagp images
Cahier iconographique : p. I : © Christie's/Artothek/LA COLLECTION/Succession Picasso 2023 – p. II : © Bridgeman Images/ADAGP Paris, 2023 – p. III : © Christie's Images/Bridgeman Images/ADAGP Paris 2023 – p. IV : © akg-images/ADAGP Paris, 2023 ; © Collection IM/KHARBINE TAPABOR – p. V : © ADAGP Paris, 2023 – p. VI : © NPL - DeA Picture Library/Bridgeman Images/ADAGP Paris 2023 – p. VII : © Centre Pompidou, MNAM-CCI, Dist. RMN-Grand Palais/Jacques Faujour – p. VIII : © akg-images/Erich Lessing/ADAGP Paris, 2023 ; © World History Archive/Collection Christophel/ADAGP Paris 2023.
Texte : p. 132-133 : *Manifeste du surréalisme*, © Pauvert, département de la Librairie Arthème Fayard 1962, 1979, 2000.

Intérieur
Conception graphique : Marie-Astrid Bailly-Maître, Muriel Ouziane et Yannick Le Bourg
Édition : Marie Gendrier
Réalisation : Nord Compo, Villeneuve-d'Ascq

PEFC
PEFC/18-32-94
Certifié PEFC
Ce produit est issu de forêts gérées durablement et de sources contrôlées
www.pefc-france.org

www.magnard.fr
www.classiquesetcontemporains.com

Achevé d'imprimer en Avril 2023 en Italie par Rotolito S.p.A.
Dépôt légal : Mai 2023 – N éditeur : MAGSI20220338